あなたが気づいていない
「本当の強み」がわかる

適職の結論

宇都宮隆二
（Utsuさん）

はじめに——自分自身がわかれば、やりたいことの答えが出る

「そもそも、自分は何をしたいのだろうか？」
「いったい、どんな仕事が向いているのだろうか？」
「会社選びで後悔しないためには、どうすればいいのか？」

本書を手に取った皆さんは、このような悩みを抱いているのではないでしょうか。

就職すれば一安心。大企業に入れば一生安泰。そんな時代は、とっくに終わりを告げた——ということが叫ばれているなか、日本経済にさらなる追い打ちをかけたのが、新

型コロナウイルスによってもたらされた不況です。

この不況のあおりをいち早く受けるのは、人材派遣会社の正社員の人たちです。派遣社員の受け入れ先である企業が経営難に陥れば、人材派遣会社は、働き口を失った正社員を解雇するしかありません。雇用調整助成金というかたちで一応は補償されましたが、この給付が打ち切られたら――いったいどのような状況になるか、皆さんも容易に想像することができるでしょう。

そのほかの全業種で働く正社員にとっても、他人事《ひとごと》ではありません。

「あの会社が潰れるなんて、あるわけがない」と誰もが思っていた大企業すらも、いやむしろそのような企業こそが、存亡の危機を迎えています。

人々の行動範囲と消費活動の縮小とともに、今後、日本経済はみるみる縮小していきます。残念ながらそれはもうすでに始まっていると見るべきであり、今後すべての業種で続々と企業の縮小、大規模な再編が行われていくのは明らかです。

このような先行き不透明な時代に、会社で働く個人にとっては「自分はこれから、いったいどのように働いていけばいいのだろうか」という不安は、これまで以上の切実さをもって身に迫ってくるはずです。

私はこれまで約20年にわたって、部門長・会社役員・実業家という「採用側」として働き、数えきれないほどの人材採用に携わってきました。そこで得た知見を基に、今はひとりひとりに合ったキャリア戦略を指南するYouTubeチャンネルを開設し、動画配信をしています。

そうしていると、若い世代の視聴者の方たちから「職業選択の悩み」に関する相談が、毎日のように寄せられます。

自分の性格や、これまでの職歴を語って**「私に向いている職業は何でしょうか？」**というのもよく聞かれることです。

それらの問いへの、私の回答はたった1つ。

「それは、自分で決めてください」

まるで突き放しているように感じられたでしょうか？　決してそうではありません。

適職の最適解はすでに今、あなた自身がもっている、ということを、皆さんにお伝えしたいのです。

相談者の方たちにはよく、「イメージで仕事を選んではいけない」ともお話ししています。

イメージ（＝憧れ）先行で職業を選ぶと、自分の価値観を心の隅に追いやり、本心を偽ってキャリアを選択してしまうからです。自分の価値基準に合わないキャリア選択は、結果的にその人を苦しめることになります。

会社員として働く道を選ぶうえでは、まずは「自分はどうありたいのか？」という問いから出発すること。**正しい自己理解によって「あなたが気づいていない本当の強み」がわかり、結果として自分にぴったりの適職と出会うことができるのです。**

巷《ちまた》には、仕事選びのアドバイスをくれるといわれる人々もたくさんいます。たとえば転職を考えている個人に対し、転職成功までの道筋を支援してくれる転職エージェントのキャリアアドバイザーなどはその一例です。

しかし、彼らは本当に、あなた自身に合致する適職の答えを教えてくれるでしょうか？

残酷な話ではありますが、それは「NO」と言わねばなりません。

なぜなら、適職とは条件的、客観的に判断できるものではなく、大いに主観的なものだからです。つまり、誰が何と言おうと自分の価値基準に沿って選ばなくては、適職に出会うことはできないのです。世の中にはさまざまな問題解決の手法がありますが、職業に関しては、自分のなかにしか最適解を出すことができないということです。

とはいえ、私がこれから皆さんにお伝えする**「適職の最適解を出す方法」は、皆さんもよく知っているであろう「自己分析」や「適性判断」とは別物です。**本当に考えるべきことはこうしたものではなくて、「自分自身の価値観」なのです。

それでは、どのようにすれば自分の価値観を深掘りし、本当の強みを見つけ出すことができるのか——本書ではその方法をすべて記しました。

このように変化の激しい世の中ですから、「あなたの適職」もそのときどきで変化す

あなたの価値観に合った適職の結論

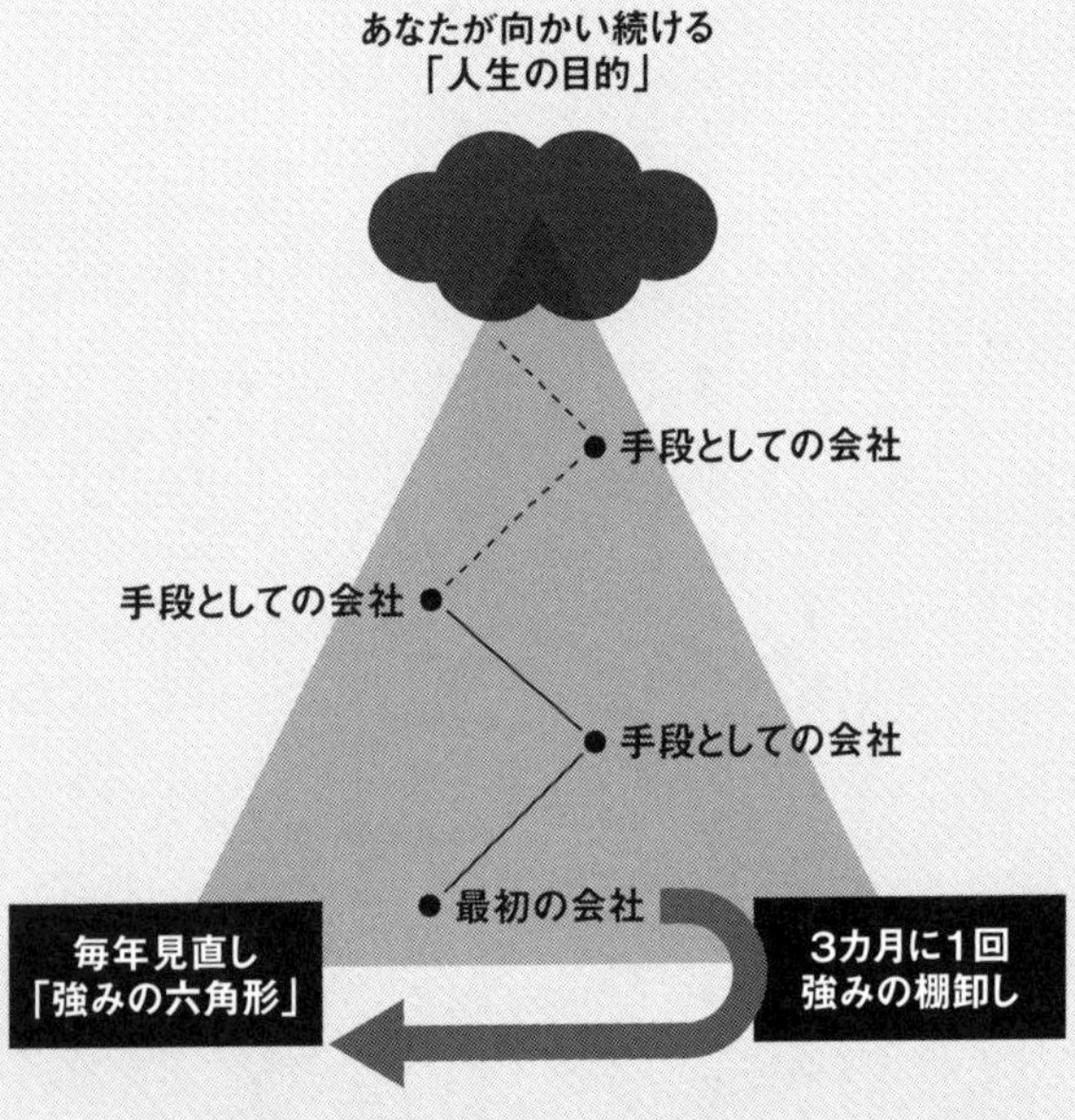

日々の仕事を通じて
「強み」を「確か」にしていく

るのは当然のことです。

会社はあくまでもあなたが向かっていきたい方角へ進むための「手段」の1つであり、手段としての会社を乗り換えるときに、職が変わる可能性は大いにありうるからです。

そして時代の激しい変化に応じて、企業から求められる人材像もこれまでとは大きく変化しはじめています。

「しっかりと自分の内面を見つめて自分の強みに気づき、それを何かしらのアウトプットにつなげられる人」に、チャンスの扉は開かれている。

これまでの日本で長い間正解とされてきた、「与えられた仕事をこなすだけの人」ではなく、「今までは会社で『是』とされてこなかった新しい価値観や変化をもたらす人」が求められています。逆に言えば、しっかりと揺らがない自分をつくりあげた人にとっては、むしろ未来は明るいのです。

これから先、皆さんがどんな場所で働くことになったとしても絶対に揺らぐことのない「自分だけのものさし」を授けることができたら、著者として望外の喜びです。

『適職の結論』目次

第2章

今の会社か、転職か？

——あなたの可能性を無限にする「スキルの抽象化」

第3章

絶対に後悔しない職業の選び方——キャリアパスの「方角」を定めろ

第6章 これからの時代のキャリア戦略 ――どこでも評価される人の「勘違いさせる力」

第１章

本当の強みの見つけ方

――自分らしいキャリアを歩むために

適職に出会うファーストステップ

キャリアの背骨は「自分がどうありたいか」

本書のような本を手に取ったということは、皆さんは少なからず「このままでいいのだろうか」「転職しようかな」と思っているのでしょう。いずれにせよ今、一番知りたいのは「自分のこれからのキャリアについて、今後どう考えていけばいいのか」ということだと思います。

転職すべきか？

それとも、転職以前に、今の会社で働き続けたほうがメリットはあるのか？

今の会社で今後も働くとすれば、どう働けば明るい未来が開けるのか？

1つの選択が人生を左右するのですから、職業選びに迷うのは無理もありません。しかし、本当に充実した仕事人生を送っていきたいのなら、それより前に考えてほしいことがあります。自分にはどんな「強み」があるのか。まずそこを掘り下げて考えてみないことには、転職についても現実的には考えられません。そして**「自分の強み」はただ単に気づいていないだけで、どんな人もすでに今、もっているものなのです。**

失敗から学べることなんて、1つもない

今の会社で働き続けるにせよ転職するにせよ、仕事で体験することの一つひとつが、キャリアの糧になります。

その点では全員同じですが、体験を「どこの会社に行ってもやっていける実力」に結

び付けられるかは、人それぞれ異なります。

体験を実力に結び付けるには、「振り返り」が必要です。

こう言うと、「たしかに失敗の体験から学ぶことは大きい」と思われそうですが、失敗から学べることに価値はない、というのが私の考えです。

失敗を振り返ったところで、「次は失敗しないようになる」程度の成果しか得られません。

それでは「ミスしない」という均質性のある労働ロボットと同じです。いくら失敗体験を元に微修正を重ねても、自分の強みを伸ばしながら、会社を1つの手段として大きな目的に近づいていくことはできないでしょう。


混同されがちですが、**「失敗しないこと」と「成功すること」は、まったくイコールではありません。**

たとえば、ふと口に出した言葉でお客さんを怒らせてしまい、契約が途中で破談になってしまったとしましょう。この失敗を振り返り、次からは「お客さんを怒らせないような言葉遣いをする」のは「失敗しない」ということです。

では、「成功する」とはどういうことかというと、この文脈では契約締結までもっていくことです。しかしその方法は、「ふと口に出した言葉でお客さんを怒らせてしまった」という失敗からは学ぶことはできません。

このように、失敗から学べるのはあくまでも「失敗しない方法」であって、「成功する方法」ではない。これは振り返り方、あるいは学び方の問題ではありません。いくら真摯《しんし》に、あるいは的確に失敗を振り返ったとしても、次から成功できるようになるわけではないのです。

唯一無二性は、成功体験からわかる

となると、いつ何を振り返ったらいいのかは、もうわかりますね。

成功したときこそ、「なんで成功したんだろう?」と振り返ることが実力に結び付きます。

ここでいう「実力」とは、環境が変わっても発揮できる普遍的な力、まさに「どんな会社に行っても生かせるあなたの能力」です。

成功を振り返ると、自分の仕事のスタイルが確立され、あなたにしか成し得ない成功法則が形づくられます。法則とは普遍的なものですから、いつでもどこでも頭の中の引き出しから取り出し、使うことができます。

どこに行っても実力を発揮できるようにするには、このように成功体験を「アーカイブ」しておくことが欠かせないのです。

ところが多くの人は、失敗は振り返り、成功は振り返らないという、私から見れば、得られる果実の少ないあべこべの学び方をしています。

大きな成果を挙げたときは「やった、これで自分も一人前だ」と喜んだり、力を貸してくれた周囲の人に感謝したりするだけで終わらせてはいけません。

「なぜ成功したんだろう?」と振り返り、そこにあなたなりの法則を導き出す。そして何となく理解するだけではなく、人に説明できるくらい、明確に言語化すること。

どこに行っても通用する人材へと自分を練り上げていくには、まずこの「成功体験のアーカイブ化」が必要なのです。

ビジネススキルは習得するな

スキルアップは、自分との対話で得る

成果を挙げるためには「ビジネススキル」の習得が必要だ。自分の「強み」を伸ばしていこう。

このように言われて異論のある人はいないでしょう。成功したいという野心や意欲がある人ならば誰もが、ビジネススキルを身につけたい、自分の強みを見つけて伸ばしたい、と思っているはずです。

では、あなたの考える「ビジネススキル」とはどんなスキルでしょうか。

ビジネススキルとは何か?

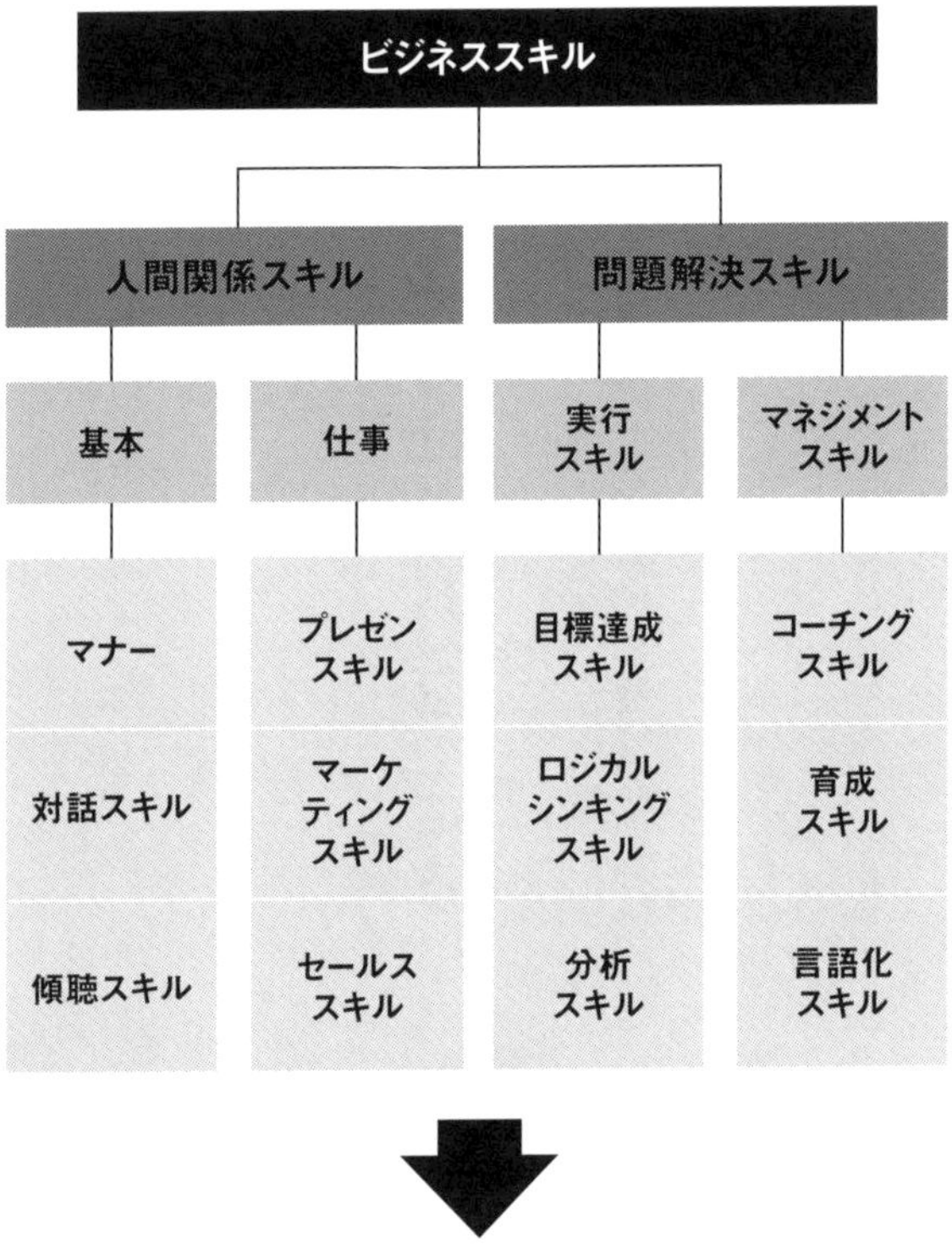

すべてを実行できる人は存在しない

ひと口に「強み」と言っても、具体的にはどういうものですか。

ここで明確に答えられる人は、おそらくいないと思います。

このように「ビジネススキル」も「強み」も、言葉自体はよく聞くのに実態がよくわかりません。

ネットで検索すれば、「答えらしきもの」はヒットします。

問題解決スキル、人間関係スキル、マネジメントスキル、実行スキル、プレゼンスキル、マーケティングスキル、セールススキル、目標達成スキル、ロジカルシンキングスキル、分析スキル……。

どうやらこうしたさまざまなスキルの総体を指して、世間では「ビジネススキル」と呼んでいるようです。しかし正直なところ、字面を見てもよくわかりませんし、第一こんなに膨大なスキルを身につけて実践するなんて、とうてい無理でしょう。

仮にこれらのスキルを網羅的に身につけられたとしても、それで大きく成功できるとも思えません。**「何でも平均的にできるけれど、特徴のない人」は、相手にはあまり魅力的には映らない**からです。

では「強み」はどうでしょうか。巷には、「強み」を見つけるツールも存在します。なかには有名なものもあるので、使ってみたことがある人もいるでしょう。

ところが、そういったツールで挙げられている項目はたとえば、「個別化」「活発性」「アレンジ」「最上思考」「含有」などなど。これらははっきりいって、先ほどのビジネススキルよりも、さらに意味不明と言わざるをえません。

これでは、まずツールの意味合いや使い方を理解するための勉強が必要です。早く自分の「強み」を見つけて伸ばしたいというのに、大きな時間のロスとなってしまいます。

「ビジネススキル」も「強み」も、すでに自分のなかに答えがあります。

つまりスキルアップとは、外部から与えられたものを身につけるのではなく、自分の優れた部分を見出し、伸ばすこと。そして「強み」とは、通り一遍の意味づけに従って見つけるものではなく、自分の価値観を深掘りし、みずからを意味づけることで見つけるものなのです。

「強みの六角形」を描こう――自分の軸を可視化する

ではここで、あなたのなかにある答えを探し当てる方法を紹介しておきましょう。

まず、白い紙に「正六角形」を書きます。

この六角形に、ビジネスパーソンとしての自分像を落とし込んでいきます。

6つの角には、それぞれあなた自身の「スキル」や「強み」が入ります。といっても、先ほど挙げた一般的な「ビジネススキル」や、どのような強みを指しているかが不明瞭な「強み」ではありません。「自分は、こういうことが得意だ」という能力を入れます。

ここからが重要です。先ほど、「成功したときこそ振り返る」という話をしましたね。その振り返りが、じつは六角形への落とし込みで生きてくるのです。

若いうちは、大きな成功体験がそれほど多くは得られないかもしれません。それでも何かしら成果を挙げたり、成果には結び付かないまでも「いい手応え」を感じたりすることはあるはずです。

それらは、自分のどんな能力によって成し得たことですか？

そこで思い起こされる能力たちこそが、六角形の角に入るべき要素です。
具体例があったほうが取り組みやすいと思うので、私の例を挙げましょう。

20代のころの私で考えると、六角形には**「オヤジ殺し力」「分析力」「巻き込み力」「対面説得力」「プレゼン力」「構想力」**の6つが入ります。次ページの図に引かれた矢印が、当時の私の強みです。

なかでも20代のころに飛び抜けていたのは、「オヤジ殺し力」「対面説得力」「構想力」の3つでした。

まず「オヤジ殺し力」――20代のころは、60代以上の人たちからすごくかわいがられました。その理由は今でもはっきりとはわからないのですが、つねに直球勝負で、変に媚《こ》びへつらったりしない。仕事に対するそんな姿勢が、かつて「モーレツ社員」と呼ばれ、仕事に人生を捧げる勢いで働いていた団塊世代の人たちの心に響いたのかなと思います。

次の「対面説得力」とは、「一対一の交渉」にはめっぽう強かったということです。

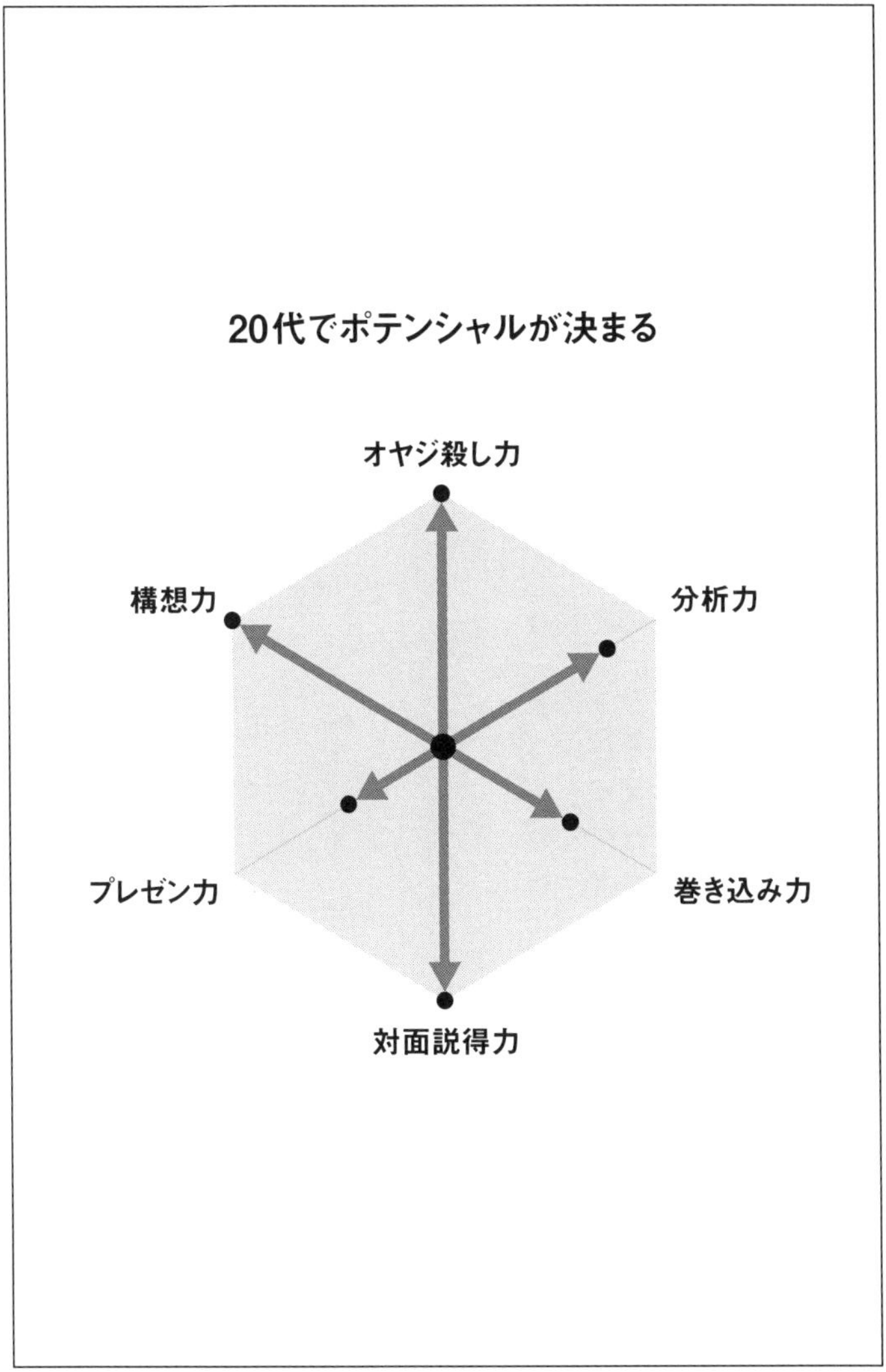
20代でポテンシャルが決まる
オヤジ殺し力
構想力
分析力
プレゼン力
巻き込み力
対面説得力

決裁権をもつ相手と一対一で膝を突き合わせて話せば、ほぼ確実に契約を決めることができました。

これらの能力で十分勝負できることがわかったので、「大勢に向かって話す能力」「相手から話を引き出す能力」などは早々に見限りました。私の六角形のなかで「プレゼン力」が弱いのも、6つの要素のなかに「聞く力」が入っていないのも、そのためです。

そして3つめの「構想力」とは、ビジョンを描き伝える能力です。「今ここにないもの」を描き出し、相手に「魅力的だ」「実現できそうだ」と思わせるのが得意でした。構想力があると説得力も増しますから、先ほどの「対面説得力」の強化にもつながっていたと思います。

さて、あなた自身の六角形にはどのような能力が入るでしょうか。次の2点を意識して33ページの六角形の6つの角のところにある空欄に能力を書き込み、完成させてみましょう。

(1) 実感をもって、「自分の言葉」にできる能力か？

ネットでよく見るような能力を、何となく拾ってきて入れるのでは意味がありません。このプロセスの目的は、あなた自身を深掘りし、すでに発揮されつつある能力に気づくことです。

そのためには、先ほどの私の例と同様、「この能力は〇〇だから強い、〇〇だから得意」と実感をもって説明できなくてはいけません。私の「オヤジ殺し力」のように、**いっそのこと「オリジナルの言葉を作る」くらいのつもりで考えてみるのがいいでしょう。**

(2)「1つの能力」に絞り込まれているか？

たとえば、ひと口に「営業力」と言っても、「話す力」「聞く力」「決定力」「突破力」「プレゼン力」などなど、いろいろな能力が含まれています。これではあなたが、実際にどの能力に長《た》けているのかがわからず、今後伸ばしていくべき能力もはっきりとは定まりません。

六角形に書き込む能力は、できるだけ細分化されていることが理想です。**「これは、こういう能力」と、ある程度はピンポイントで定められるような聴き心地のいい言葉で満足せずに、言葉を細分化し尽くすつもりで取り組みましょう。**

あなただけの「強みの六角形」を作ろう

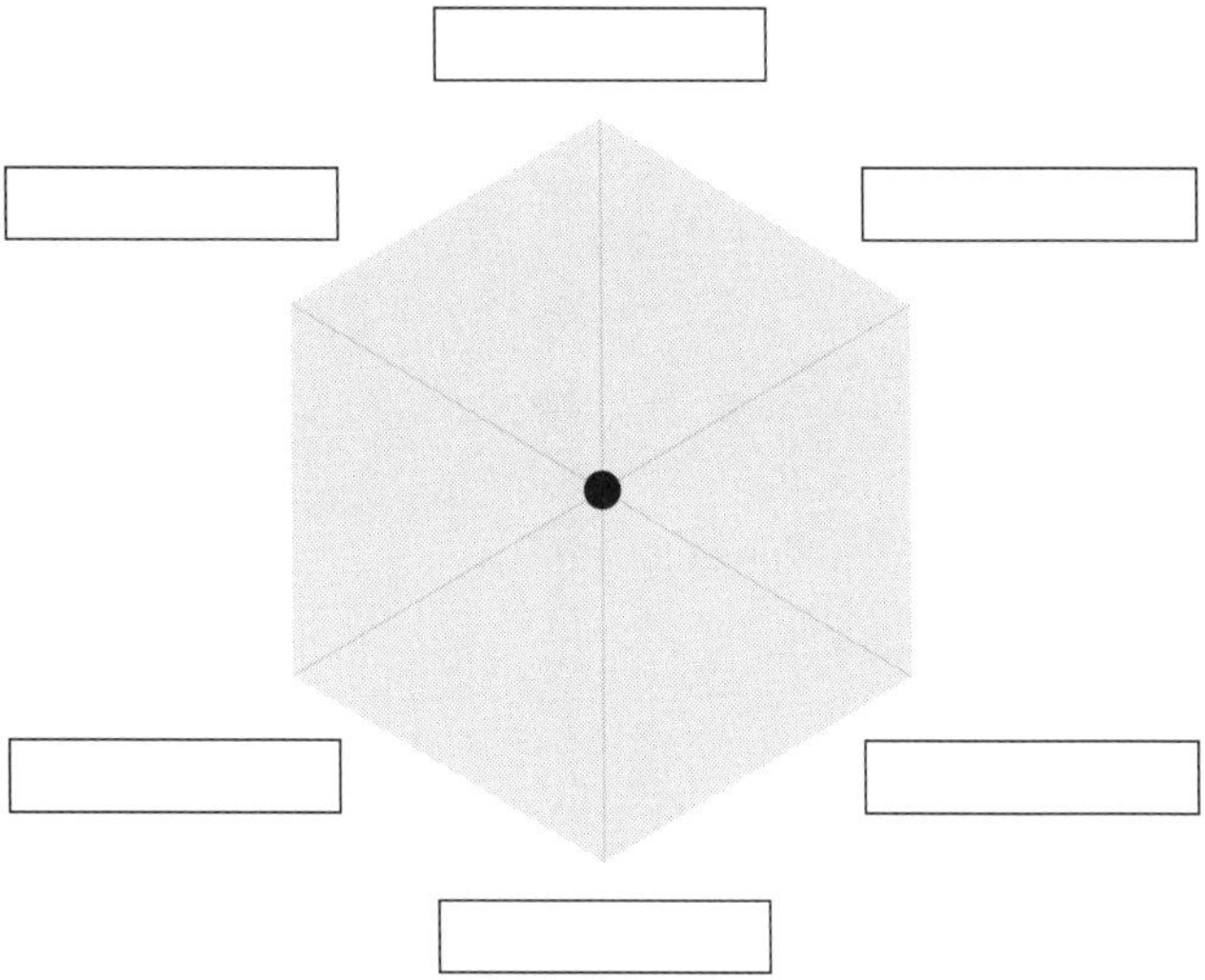

六角形の「角」に書き込むべきあなたの強み

1　実感をもって、「自分の言葉」にできる能力であること
2　「１つの能力」に絞り込まれていること

今の自分に合った強みの見つけ方

第一にポテンシャルの枠を最大化させる

この六角形は「今の自分」と「これからの自分」を考える基盤になりますが、年代によって捉え方が違います。

まず20代。**新卒から社歴7〜8年の人にとって、先ほどの六角形に書き込まれた能力は「自分のポテンシャル」です。**それほど多くはない成功体験の中から「どうやら自分はこういう能力に長けているらしい」ということは何となく見えていても、その能力をフル活用できているわけではありません。

これは言い換えれば、伸び代があるということ。**この伸び代を、どれくらい伸ばせるかという「ポテンシャルの枠組み」が定まるのが、20代なのです。**

今、33ページで作ったあなたの六角形には6つの能力が書き込まれていますが、すべてバランスよく長けているわけではないはずです。

ここで仮に、「すごく得意」「得意」「まあまあ得意」の3つの目盛りを六角形内に設けてみましょう。そしてこの目盛りに従って、6つの能力それぞれに矢印を書き込み頂点を結びます。

こうして現れた歪《いびつ》な六角形が、20代のあなたの「ポテンシャルの枠組み」です。

六角形をフィールドだとすると、歪な六角形の内側があなたのテリトリー、つまり自由に走り回れる範囲です。では**実際に、どの方向にどれくらい足を伸ばせるか。こうして社会人としての能力が固まっていくというのが、30代で起こることです。**

次に「自分らしさ」の土台を固める

30代では、20代で定まった「ポテンシャルの枠組み」のなかで、実際に「どの能力を、どこまで使えるか」が決まります。

ふたたび私の例で説明しましょう。

20代のころの私は、「オヤジ殺し力」「構想力」「対面説得力」は「すごく得意」、「分析力」は「得意」、「巻き込み力」「プレゼン力」は「まあまあ得意」という歪な六角形でした。

それが、30代を終えるころにはまた別の形に変わっていました。30代を過ごすなかで「どの能力をどれだけ使えるか」が決まっていったからです。

「すごく得意」「得意」「まあまあ得意」の3つの目盛りを六角形のなかに設け、矢印を書き込み、頂点を結んだのが37ページの図です。

● 「オヤジ殺し力」――「すごく得意」から「まあまあ得意」以下に一気に低下。

30代でポテンシャルの実用性が決まる

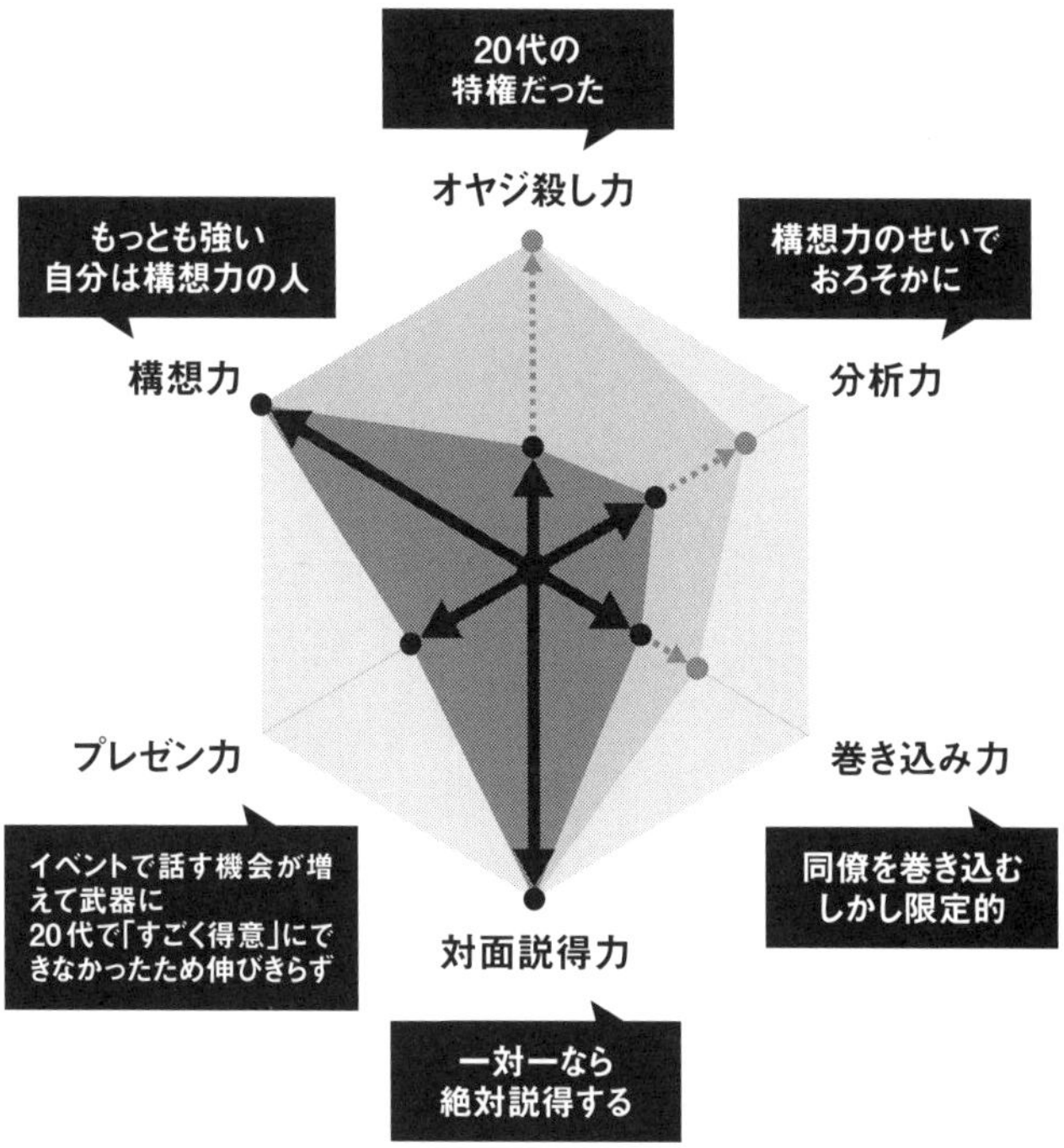

「年上の人にかわいがられる」というのは、自分にとっては20代の特権だったと悟る。

● 「構想力」——変わらず「すごく得意」。自分は「構想力の人」だという確信が強まる。

● 「プレゼン力」——相変わらず「まあまあ得意」。転職を機にスポークスパーソン的な役割を果たすようになり、イベントや取材など大勢に向かって話す機会が増えた。ただし20代で定まった「ポテンシャルの枠組み」のなかで、「プレゼン力」はあまり強くなかったため、30代で十分に伸ばしきることはできなかった。

● 「対面説得力」——変わらず「すごく得意」。「一対一」ならどんな相手でも口説き落とせるという自信が強まる。

● 「巻き込み力」——「まあまあ得意」から少し低下。もともと人にお願いすることがそこまで得意ではなかったこともあり、同僚を巻き込んで仕事を進めることよりも、一番得意な「構想力」を武器に単独で勝負することが多くなった。構想は一人で立てたほうが際立つため、「構想力」の強化と引き換えに「巻き込み力」が伸び悩んだとも言える。

- 「分析力」――「得意」から低下。これも「構想力」が際立っていたために、分析をおろそかにしたことが要因と考えられる。

これらの変化を六角形に落とし込むと、20代のそれとはだいぶ違う形になっていることが一目瞭然でしょう。

20代で「ポテンシャルの枠組み」が定まった後、実際にどの能力をどれだけ伸ばしたか。30代の六角形は、つまり「自分は、どのように成果を挙げる人間なのか」という社会人としての私の個性を表しているのです。

転職で「伝えるべきこと」は世代で変わる

30代になると、かつて使えていた能力が使えなくなったり、ポテンシャルの最大値まで能力を伸ばしきれなかったりして、能力が絞り込まれていきます。

結果として20代の六角形と比べると、フィールドそのものの面積は30代のほうが小さくなります。

でもそれでいいのです。なぜなら先ほども少し触れたように、**30代で固まった能力の形が、そのまま自分の「個性」**と言えるからです。

20代は「ポテンシャルの固まり」でいいのですが、30代になったらポテンシャルを本当に使える能力として実装していかなくてはいけません。ずっと「ポテンシャルの固まり」のままでは、いつまで経っても成果の出せない残念な人になってしまいます。

20代の私は、賞味期限のある「オヤジ殺し力」と、飛び抜けた「構想力」「対面説得力」、さらには「得意」「まあまあ得意」程度の「プレゼン力」「巻き込み力」「分析力」をもつ人材でした。

しかし、この段階ではすべてが未知数であり、どのような再現性をもって成果を挙げる人間なのかはっきりとは見えていません。

しかし30代の私は、絶対的に自信のある「構想力」と「対面説得力」、それに、多少はつぶしの利く「プレゼン力」を持ち合わせた人材へと変化しました。「使える能力」が研ぎ澄まされたのです。

つまり30代の私は、自分の能力を「圧倒的な構想力と対面説得力によって、一対一の交渉では必ず相手を説得する自信があります。加えて、必要に迫られれば大勢の前で話すこともできます」と表現できるようになったわけです。

このように、**20代と30代とでは、能力の六角形の意味合いがまったく違います。**

- 20代の六角形は「ポテンシャルの枠組み」。
- 30代の六角形は、「それぞれの能力をどれだけ本当に使えるか」。

この違いを踏まえて、まず今現在の仕事の取り組み方、さらには転職での自分のウリ込み方を考えてみましょう。

今まで説明してきたように、20代では「ポテンシャルの枠組み」が定まります。まだ「どのように成果を挙げられる人間なのか」は固まっていないわけですから、六角形の能力のポテンシャルも未知数です。

ですから20代では、どんな仕事にも思い切り取り組むこと。歪な六角形のフィールドを、思いっきり走り回るイメージです。そうやって**「ポテンシャルの枠組み」を押し広げれば広げるほど、30代での大きな活躍、成功が期待できます。**

20代で転職を考えた場合も、一番のアピールポイントになるのはやはり「ポテンシャルの枠組み」です。

「私には今後、これらの能力を大きく発揮していくポテンシャルがあります。しかし今の会社では、このポテンシャルを伸ばしきれません」

このように、六角形のサイズそのものを大きくする。転職によって、より大きな六角形を得るというのが20代の転職イメージです。

一方30代では、すでに「できること」が明確になっています。

したがって今の会社では、その「できること」をさらに強化し、会社のさらなる発展に貢献する。もちろん、ふさわしいポストもついてくるでしょう。

あるいは、より大きな環境を求めて転職するのなら、今まで蓄積してきた「できること」をアピールします。

これが20代の転職との最大の違いです。

20代は「私には、こんなポテンシャルがあります」でも通用します。しかし30代の転職で問われるのは、その能力を「本当に使えるのか」。「私は、こういうことができます」と明確に説明できなくては、なかなか採用にはつながらないでしょう。

いくつになっても「伸び代」はある

本書をお読みの皆さんのなかには、次のような方もいるでしょう。

- 20代後半、もしくは30代から社会人としてのキャリアをスタートさせた
- 卒業後初めて就いた職種から大きく方向転換して、今は別の仕事をしている
- 20代で会社員として働き、30代でフリーランスとして独立

「ポテンシャルの枠組みを拡大しきれなかった」などと落胆する必要はまったくありま

せん。皆さんはむしろ、短期間で自分の枠組みの整理と活用が可能です。

なぜなら、新卒者よりも「自分にはできないこと」がはっきり見えているからです。何でもできる人は存在しません。「やってみたい」あるいは「きっとできるはずだ」と思ったことでも、実際やってみるとできないということもいろいろあります。自分に「できること」と「できないこと」の見定めには時間がかかるものです。しかしこの点、皆さんは新卒者に比べて「見定め期間」にすでに十分時間をかけることができているため、現時点からはあまり時間がかかりません。

強みの発見とポテンシャルの拡大に2年、ポテンシャルを真の強みにしていくのに3年、合計5年で習得するのを目安に考えてみてください。

第2章

今の会社か、転職か？

あなたの可能性を無限にする「スキルの抽象化」

「がんばります！」が通用するのは第二新卒まで

「中の上」なら、今すぐなれる

他企業で採用してもらうには、当然ですが「実力」を証明しなくてはいけません。

転職市場で「まだ新人です。実力はありませんが、がんばります！」が通じるのは第二新卒までです。

実際、新卒採用では、「やる気に満ちているな」「活躍できそうだな」「さらに成長しそうだな」といった判断軸で決まってしまうことがほとんどです。

何も経験がなく、実力を測りようがないため、最終的には「人柄」や「将来性」の印象で判断されるのです。まっさらな人間を「我が社の色」に染めていくには、「いいヤツ」が一番いいと見なされるのは、もっともな話ではないでしょうか。

しかし、数年以上実務経験を積んだ中途の人材となると話は別です。少なくとも「中の上」くらいの実力がなければ、いくらタイミングが合致しても、転職活動はうまくいきません。

前章でお話しした「強みの六角形」でいえば、**「20代の自分のポテンシャルは、どれくらい大きいか」「30代の自分は、実際に能力をどれだけ使えているか」を示す必要がある**ということです。

「転職したい」というのは、「今よりいい環境に行きたい」ということですよね。ならば「今よりいい環境」のほうから、「あなたがほしい」と思われるような個人にならなければいけません。

すでに目立った成果を挙げているなど、「中の上」以上の実力があることを示せるのなら素晴らしい。すぐにでも転職活動のスタート地点に立てます。

さて、現在のあなたはどうでしょうか？

おそらく、多くの人が言葉に詰まってしまうと思います。もし「中の上」以上だという自信がないのなら、まず実力をつける必要がある。転職するかどうかを考えるのはそれからです。

「何をどれだけ」で、戦略的に実力をつける

「大きな成果を出せるまで待っていたら、転職のタイミングを逃してしまう……」と思ったかもしれませんが、心配はいりません。

まず、**必ずしも「社内でトップ」といった大きな成果が必要なわけではありません。**だから私は、最低でも「中の上」と言っているのです。

それでもまだ不安な人もいるかもしれません。自分は「中の上」の実力すら証明できないのではないか。そんな自信のない人も安心してください。

今まで「中の上」の実力をもてなかったのは、単に実力がつくような仕事の取り組み方を知らなかったから。それだけのことなのです。じつは仕事の取り組み方さえ変えれ

職種は3種類に分けられる

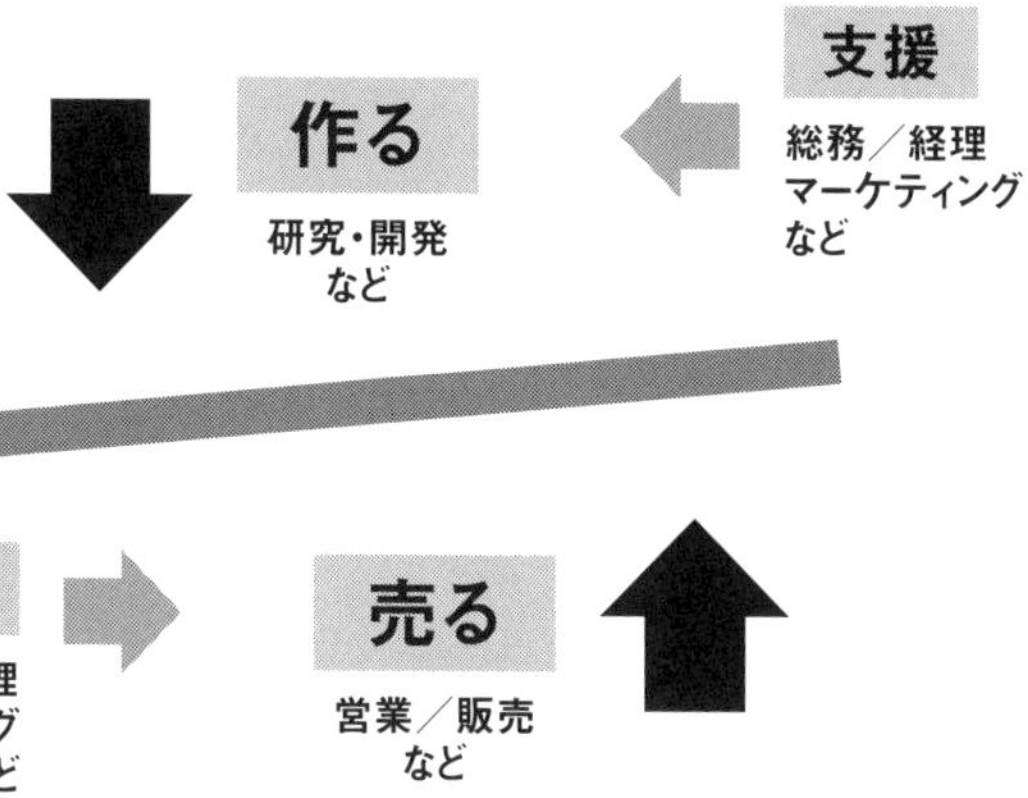

ば、「中の上」の実力はどんな人でも必ず獲得することができます。

その取り組み方とは、「何をどれだけ」を追いかける、というものです。

世の中にはさまざまな職種がありますが、上の図で示しているように、**利益を生み出す部隊としては、つまるところ「作る側」と「売る側」の２種類です。**そしてそれらの部隊を「支援」する職種として、総務、経理、マーケティングなどといったバックオフィスの部隊がいます。

「モノ」を提供する企業ならば「モノを作る人」と「モノを売る人」がいる。「サービス」を提供する企業ならば、「サービスを作る人」

と、「サービスを売る人」がいる。あるいは「システム」を提供する企業ならば、「システムを作る人」と「システムを売る人」がいる……という具合です。

そして、作る側にも売る側にも、仕事には「課題」がついて回ります。

「売る側」には「売上ノルマ」があり、「作る側」は「生産管理＝品質、コスト、納期（いわゆるＱＣＤ）」を徹底しなくてはいけない。そういう課題に対して、どう取り組むかが、じつは実力が傍からどのように見えるかを決める分かれ目になります。

さて、皆さんにとって仕事、ノルマとはどういうものでしょうか。

「仕事に追われる」「ノルマに追われる」というのは、会社員の常套句です。たとえば「月間売上目標」などに「追われている」という気はしませんか？

「追われる」というのは、誰にとってもストレスです。

そして、ストレスがあるとモチベーションは下がりやすくなり、モチベーションが下がると成果は上がりにくくなる。自分としてはがんばっているつもりなのに実力が伴わないのは、「追われている」という意識が一大要因になっている可能性が高いのです。

「追われる」マインドから、「追いかける」マインドへ

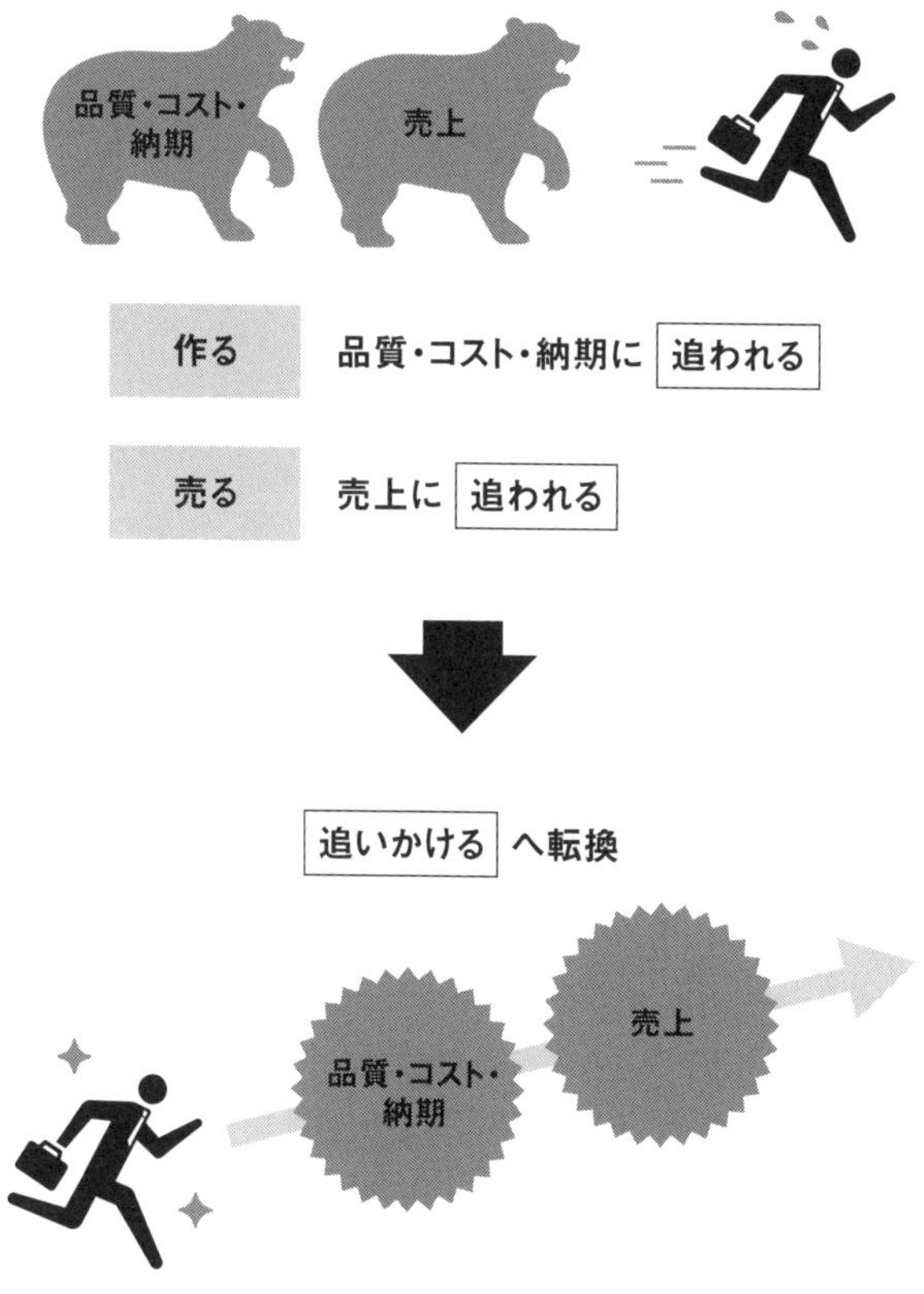

ここでその意識をひっくり返してしまいましょう。

「仕事に追われる自分」から、「仕事を追いかける自分」へ。

そうなることで、誰もがモチベーション高く仕事に取り組めるようになり、最低でも「中の上」の実力が身につきます。いったいどうやって？　その鍵が「何をどれだけ」を追いかけることなのです。まずは3カ月間、ひたすら「何をどれだけ」を追いかけるだけでも、大きく変わるはずです。

ノルマを「計画」にアップデートする

ストレスの正体

転職を成功させるには、少なくとも「中の上」の実力があることを示す必要がある。「仕事に追われる自分」から「仕事を追いかける自分」へと変われば、誰もが「中の上」以上の実力をつけることができる。

その鍵が「何をどれだけ」を追いかけること――ここまではお話ししました。

では実際にどうしたらいいのか。「売る側」「作る側」の職種ごとに具体例を挙げて説明していきましょう。

「何をどれだけ」を追いかけるには、まず**「自分が追われているもの（ストレス、プレッシャーの元）」を分解し、計画を立てます。**

ストレスやプレッシャーを感じるのは、仕事の課題が「ぼんやりと大きく、つかみどころがない」から。これが「仕事に追われる苦しさ」の正体です。そこで仕事の課題を小さく分解することで、達成までの計画を「可視化」しようというわけです。

その計画を元に、「何をどれだけ、やればいいのか」を割り出します。ここまで落とし込めると、「確実にできる」ことを追いかけられるようになる。まさに「仕事に追われる自分」から「仕事を追いかける自分」になれるというわけです。

(1) 売上ノルマ

これを「売る側」の代表格、営業職で考えてみると、56ページの図のようになります。

売る側の課題は「売上ノルマ」です。ここでは仮に「売上1億円」のノルマがあるとしましょう。

「1億円」――大きな数字ですよね。

この数字だけ眺めていても、どうやったら達成できるのかわからないでしょう。わからないから仕事がストレスになり、モチベーションが上がらない。気持ちばかりが焦って着手できないまま、いたずらに時間が過ぎていきます。

しかし「1億円＝500万円×10＋2500万円×2」と考えてみると、どうでしょう。

少しだけ具体的な取っかかりが出てきました。これが**「自分が追われているもの（ストレスの元）を分解し、計画する（可視化する）」**ということです。

いわれてみれば簡単な話ではないでしょうか。外資系企業では基本中の基本の心得なのですが、こうしたプロセスを踏むよう周知徹底されている日本企業は、私が見てきた限りほとんどありません。

さて「1億円＝500万円×10＋2500万円×2」と分解しましたが、このままではまだ「絵に描いた餅」です。今度は、これをどう成し遂げるかを考えなくてはいけま

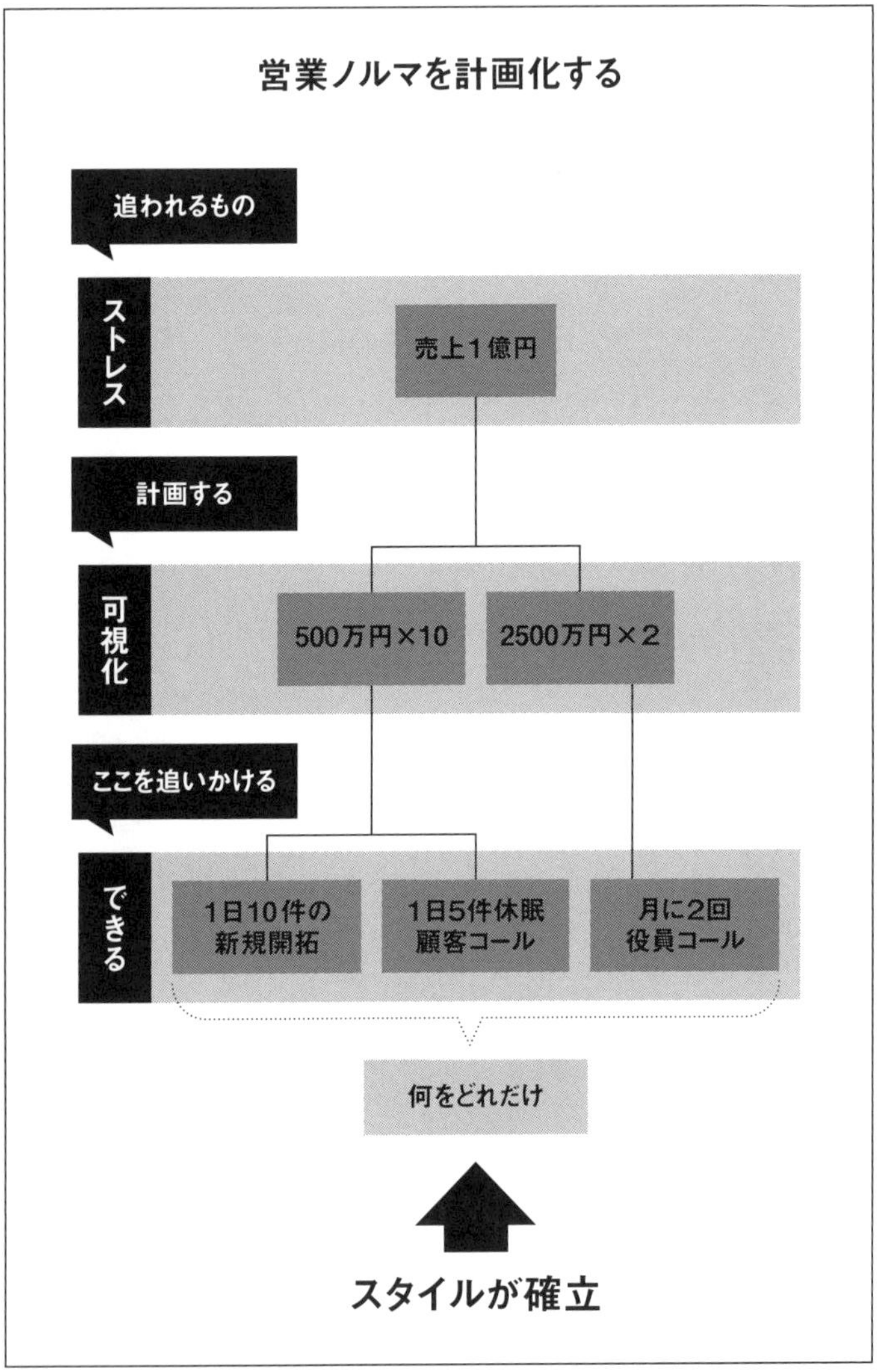
営業ノルマを計画化する
追われるもの
ストレス
売上1億円
計画する
可視化
500万円×10
2500万円×2
ここを追いかける
できる
1日10件の
新規開拓
1日5件休眠
顧客コール
月に2回
役員コール
何をどれだけ
スタイルが確立

せん。

いったい「何をどれだけ」やったら、自分の力で「５００万円×10」と「２５００万円×２」を達成できるでしょうか。

たとえば「５００万円×10」には、「１日10件、新規開拓する」＋「１日５件、休眠顧客にコンタクトする」という合わせ技で臨む。これなら「できる」と思えるはずです。

一方、数字が大きい「２５００万円×２」は、おそらく新規や、長らく取引がない休眠顧客では難しい。ならば「月に２回、役員にコンタクトする」。これなら、やはり「できる」と思えるでしょう。

さて、最初に挙げた「売上１億円」を思い出してください。

ぼんやりと大きく、つかみどころがなかったものが、「１日10件の新規開拓」「１日５件の休眠顧客へのコンタクト」「月２回の役員へのコンタクト」という「実際にできること」にまで落とし込まれました。

「実際にできること」なら、すぐに行動に移すことができます。つまりみずから仕事を「追いかける」ようになる。これが、「何をどれだけ」を追いかけるということなのです。

(2) 品質改善・コストカット

では「作る側」だと、どういうプロセスになるでしょうか。次ページの図を見てください。

「作る側」の課題として多いのは、「品質、コスト、納期（ＱＣＤ）」です。

仮にメーカー技術系の職種で、「品質改善」と「コストダウン」という課題があるとしましょう。

先ほどの営業職の例と同様、まずは「自分が追われているもの（ストレスの元）」を分解し、計画を立てます。

「品質改善」「コストダウン」――やはり「ぼんやりとして、つかみどころのない課題」ですが、たとえば「品質改善」は「返品１００件未満」、「コストダウン」は「製造原価15％減」へと分解してみると、どうでしょう。「何をどれだけ」を追いかけるきっかけができました。

では実際に、「何をどれだけ」やったら、「返品１００件未満」「製造原価15％減」を

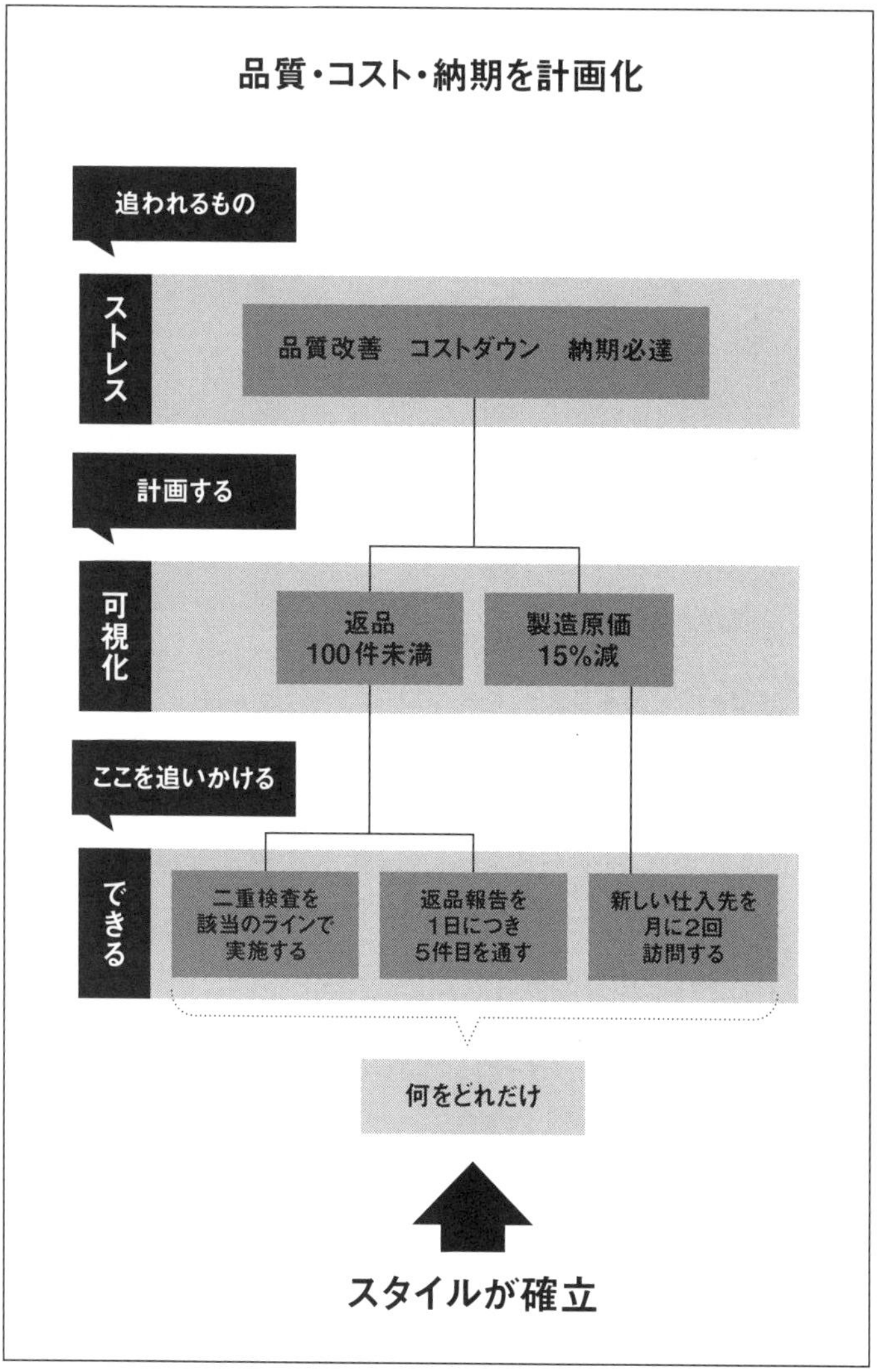
品質・コスト・納期を計画化
追われるもの
ストレス
品質改善　コストダウン　納期必達
計画する
可視化
返品
100件未満
製造原価
15%減
ここを追いかける
できる
二重検査を
該当のラインで
実施する
返品報告を
1日につき
5件目を通す
新しい仕入先を
月に2回
訪問する
何をどれだけ
スタイルが確立

達成できるでしょうか。

たとえば、「返品100件未満」については、「返品理由（故障）が起こっている該当ラインで二重検査を実施する」、と同時に「返品の原因究明のため、1日5件、返品報告書に目を通す」。これならば「実際にできる」でしょう。

さらに「製造原価15％減」については、より安く原材料を調達するために「新しい仕入先を月に2回、訪問する」。これも「絵に描いた餅」を具体的な行動指針に落とし込んだものですから、「実際にできる」ことです。

このように、**仕事を分解し、計画を立て、「何をどれだけ」にまで落とし込むと、自分なりの「仕事のスタイル」が確立されます。**

スタイルとは、つまり「型」です。「型」は普遍的なものですから、今後どのようなノルマが課されても、同じように取り組めばいい。その積み重ねによって、誰でもいつの間にか「中の上」以上の実力がついてくるというわけです。

活躍のフィールドを大きくするか、会社自体を大きくするか？

「今の会社で働き続けよう」

「中の上」以上の実力をつける方法を理解したところで、皆さんの最大の関心事である次の問いについて考えてみましょう。

転職のベストタイミングはいつか？

それとも、転職以前に今の会社でがんばるべきか？　もしそうなら、どのように働いていったらいいのか？

「仕事に追われる自分」から「仕事を追いかける自分」への変貌には、もれなくモチベーションの向上と、これまでやってきたことに対する自信がセットになります。

仕事を小さな「できること」に分解し、計画を立て、「何をどれだけ」に落とし込む。こうして「確実にできること」が見えれば、すぐにでも取り掛かりたくなるのが人情というものです。

また、**「何をしたらいいのかわからなかった仕事」が、「確実にできることの積み重ね」へと変化しますから、当然成果も上がりやすくなります。**それに伴い、「自分はできる」という自信も高まります。

そんな自分を想像してみてください。

「あれ？」と思う人がいるかもしれません。

「仕事が楽しい。転職せずにやっぱり今の会社でやっていこう」と。「仕事を追いかける自分」への変貌は、そのまま「今の会社でもっと成果を出したい」という意欲につながる場合も多いのです。それはそれで、あなたにとって適職の最適解といえます。

仕事を「追いかける」とすべてが変わる

ただし、「今の会社でもっと成果を出したい」という意欲は、おそらく永遠には続きません。

これはとくに中小企業勤務の人に当てはまるのですが、「確実にできること」を積み重ね、成果を挙げられるようになると、次第に物足りなくなってきます。今の会社が、何だか窮屈に感じられてくるのです。

ここで、より大きな仕事のフィールドを求めて転職活動を始めるのも１つ。しかし「今の会社で実力をつけたんだ」と考えると、別の選択肢も見えてきます。

それは、今の会社でのし上がり、さらなる会社の成長の旗振り役になること。「今より大きな環境」を外に求めるのではなく、今いる環境を自分自身の実力を使って「拡大」させていくという選択肢です。

そのどちらを選ぶかは自分次第ですが、ともかく**「仕事を追いかける自分」になる**

と、「今より大きな環境を求めるか、それとも、今いる環境を拡大するか」という2つの選択肢が生まれる。これは、大いに前向きな変化ではないでしょうか。

というのも、この選択肢が生まれるのは実力をつけた人だけであり、そういう人はどちらをとっても成功するといえるからです。「仕事を追いかける自分」への変貌が、より成功できる「人生の選択肢」を増やすというわけです。

私が実際に見てきた限り、「転職したい」という人の大半が「今の会社が嫌だから」と言います。「仕事に追われるストレス」を抱えたまま、「中の上」くらいの実力をつける努力もせずにただ不満を口にしているのです。

要するに、今いる場所で意欲をもてない。成果も挙げられずにいる。厳しいことを言うようですが、そんな人が転職活動をしたところで「今よりいい会社」に行けるわけがありません。

グサリときた人も多いかもしれませんね。

でも、今から「仕事を追いかける自分」へと変貌すれば、話は大きく変わってきます。

モチベーション高く働き、成果を挙げられる。

「もっとできる、もっと成果を出したい」という意欲がある。

そこで自然に生まれる選択肢として、より大きな環境を求めるか、今いる環境を拡大する道を選ぶか、いずれにせよあなたにとって明るい未来が開けるでしょう。

「スキルの抽象化」で、未来の選択肢を増やせ

どの会社が自分に合っているのか？

自分はどこで働くか。しっかりと「中の上」以上の実力をつけたうえで考えてみて、「やはり転職しよう」と思うのなら、次に考えるのは「どの会社に転職するか？」です。

今と同じような仕事をするのなら、「今の会社でステップアップする」という選択肢を捨てる必要はないでしょう。自分が活躍できる幅が広がる「今より大きな環境」を求めてこそ、人生がより充実する転機にすることができるのです。

となると、どんな企業に転職したらいいいか。**活躍の幅が広がる「今より大きな環境」**

とは、じつは「企業の規模」だけを指すものではありません。

転職の方向性としては、大きく分けて4つの選択肢があります。

もっともスタンダードなのは、**「今より大きな同業他社」で「同じ職種」に就く**というもの。たとえば「資本金1億円のＩＴ企業の営業職」から「資本金10億円のＩＴ企業の営業職」という転職です。これはイメージしやすいのではないでしょうか。

次に挙げられるのは、**「今より大きな同業他社」の「今とは違う職種」に就く**という方向性です。

たとえば、「資本金1億円の家電メーカーの品質管理職」から「資本金10億円の家電メーカーの営業職」という転職ですが、ここで、ずっと「作る側」にいた人が「売る側」に転身できるわけがないと考えるのは早計です。

品質管理者として実力をつけてきたのなら、「売れるポテンシャルのある製品か否か」は手に取るようにわかるはずです。

その知見を今度は営業職で生かす。自社製品の「ウリ」を知り尽くし、「かつて作る側だった身」としてお墨つきを与えながら営業できる。その可能性、潜在能力をアピールすればいいのです。

もちろん、営業職で培った知見を今度は開発職に生かす、という逆パターンも考えられます。いずれにせよ、「自分は営業一筋だから」「自分は開発一筋だから」という考え方は捨てたほうが、むしろ転職の選択肢は広がるというわけです。

3つめに挙げられるのは、**「異業種の会社」の「今と同じ職種」に就く**という方向性です。

たとえば営業職の仕事の本質は、「自社製品のメリットを知り尽くすこと」「お客様の潜在ニーズを掘り起こすこと」です。

商材が何であろうとこの本質は変わりません。つまり、本当に営業の実力がある人ならば、「売るモノ」が変わったとしても成果を挙げられるはずなのです。したがって、「メーカーの営業職」から「生命保険会社の営業職」といったキャリアへの可能性も考えられます。

もちろん、今の会社ですでにマネジメント職に就いているのなら、異業種の会社のマネジメント職として採用される場合もあるでしょう。

そして4つめに挙げられるのは、**「異業種の会社」の「今とは違う職種」に就く**という方向性です。

これは、もっともイメージしにくいでしょう。実際、誰にでも適用できるわけではないのですが、可能性としてはあるので紹介します。

この方向性が考えられるのは、たとえば「出版社の書籍編集者」から「芸能プロダクションのマネージャー」への転職です。

書籍の編集職は、本の著者を相手にする仕事です。強烈な個性をもつ著名人もたくさんいます。そういった人物たちと渡り合い、売れる本を作らなくてはいけません。

そのような仕事のなかで実力をつけ、成果を挙げてきたということは、その人には著名人に時間を割かせ、相手を動かし、しかも魅力的な商品として売り出せる能力がある。これは、芸能プロダクションのマネージャー職に就いてもそのまま生きる能力といえるのです。

このように、**仕事のスキルのなかには異業種、異職種に転用できるものもあります。**

この視点をもって自分のキャリアを振り返ってみると、これまで考えてもみなかった新たな可能性が見えてくるでしょう。まずは、自分が今まで関わってきた業種、職種に対する固定観念を取り払うことが重要です。

「スキルの転用」で可能性は無限大になる

さて、ここまでご紹介してきた4つの方向性を見てみて、いかがでしょうか。自分自身に当てはめてイメージできましたか？

転職の選択肢を増やすには、自分のキャリアを「抽象化」する必要があります。

今の自分のキャリアと似たキャリアを求めて転職するのでは、そもそも何のために時間も労力も費やして転職するのかわかりません。

今の会社で培った実力が、今の会社ではない場所で、どのように、どれくらい通用

するのか。この視点がないと、「同業、同規模、同職種」への転職というごく一般的な転職になってしまうでしょう。

そこで鍵となるのは、じつは前にお話しした「何をどれだけ」です。

たとえば、「売る側」として「1億円の売上ノルマ」を達成するために「何をどれだけ」やったのか。どのような「確実にできること」を積み上げてきたのか。

- 「1日に10件、新規開拓」
- 「1日に5件、休眠顧客にコンタクト」
- 「月に2回、役員にコンタクト」

ここまで「確実にできること」が棚卸しできているというのは、つまり自分なりの「仕事のスタイル」が確立されているということです。

そして**仕事のスタイルが確立されていれば、今までより「取引額」が大きくなろうとも、「商材」が変わろうとも、基本的には同じスタイルで成果を挙げるイメージが**

湧きます。

つまり、（1）「今より大きな同業他社・今と同じ職種」（取引額アップ）、（3）「異業種・今と同じ職種」（商材の変化）への転職パターンが成り立つのです。

あるいは、「作る側」として「品質改善」「コストカット」という課題を成し遂げるために、「何をどれだけ」やってきたのか。

- 「返品理由（故障）が起こっている該当ラインで二重検査を実施する」（品質改善）
- 「新しい仕入先を月に2回、訪問する」（コストカット）

こうした**「確実にできること」を積み上げ、課題を成し遂げてきた人は「作る側」の事情に通じています。だから商品知識をつかむのも早い。**作る側として売れる商品を作った経験は「売る側」に立った際にも必ず役立ちますから、（2）「今より大きな同業他社・今とは違う職種」への転職パターンも選択肢の1つになります。

では、（４）「異業種の今とは違う職種」はどうなるでしょうか。

「年間12冊刊行」「年間売上１億円」というノルマのある書籍編集者が、そのために「何をどれだけ」やってきたかで考えてみましょう。

●「月に10本、企画立案」
●「月に３人、過去に本を出したことのある有力著者と会う」
●「月に最低５人、新しい著者と会う」

これらの「確実にできること」を積み重ねることで、多忙で癖の強い著名人に時間を割かせ、動かし、「売れる本」を作ってきたとしたら、その人の能力が生きるのは書籍編集者という仕事だけではないでしょう。

同じく著名人を相手にする「芸能プロダクションのマネージャー」としても、すでに十分通用すると考えていいのです。


このように、**今の会社で「何をどれだけ」積み上げたことで実力をつけてきたのか**

を棚卸しすると、自分の能力の「応用範囲」がわかります。

今まで働いてきた会社の規模や職歴にとらわれず、自分を生かせるさまざまな場所が見えてくる。これが「スキルを抽象化する」ということです。

ここでもっとも重要なのは、スキルが抽象化されると自己意識が変わることです。**自分という人間がもつスキルをいったん細分化することを通じて、人材としての価値が再構築される**、と言ってもいいでしょう。

最後に挙げた編集者の例などは、価値の再構築が顕著です。「年間売上1億円を達成してきた編集者」というだけでも、もちろん企業の目を引くに違いありません。しかしこれだけだと、転職の選択肢は、あくまでも「編集者から編集者」に限られるでしょう。

そこで「何をどれだけ」やってきたかを棚卸しすると、「(売れる本を作るために) 数多くの著名人に時間を割かせ、動かしてきた」という一面が明確になります。このようにして本づくりに限らず幅広い分野で生きる能力が見えてくるわけです。

この自己意識の変化、価値の再構築が、「自分は何がほかの人材と違うのか」というユニークネス、将来性や潜在能力をアピールできることにつながります。このように、スキルの抽象化によって、一気に転職の選択肢が増えるのです。

第3章

絶対に後悔しない職業の選び方

――キャリアパスの「方角」を定めろ

自分の「旬」は、会社の規模感で異なる

「実力のピーク時」が転職どきの中小企業

まず、自分の「スキル」や「強み」を棚卸ししてみてから、転職を考える。では、どのように棚卸しすればいいのか。

ここまでは理解したとして、やはり気になるのは転職するなら「いつ?」、そして「どうやって?」という点でしょう。「どのタイミングで転職するか」はもちろん、「どういう考えに従って転職活動をするか」というのも、今後の人生を大きく左右します。

最短でトップクラスになれる職種

職種	期間
AI開発	3カ月
B to C営業	6カ月
B to B営業	2年
生産管理	3年
プロセス重視のソフト開発	3年
SE	5年
生産技術	5年
マーケティング・企画	5年
経理	10年
プロセス重視のハード開発	10年

※古典的企業は上記に2〜3倍の係数がかかる

まず、**転職のベストタイミングは、勤めている企業の規模感によって違います。**

中小企業で働いている人は、「一人前になってから実力のピーク時の間」に転職活動をしなければ、おそらく今よりいい環境に行くことはできません。

中途採用では即戦力が求められます。

言い換えれば、すでに十分な実力があり、これから新しいことに挑戦して確実に成果を出してくれそうな人です。

企業としては、低迷からのV字回復、あるいはさらなる成長の起爆剤となってほしくて新たに人を雇うのですから、ピークを過ぎた人は求めません（リーダーとしての手腕を買われて迎え入れられる役員クラスの転職は別です)。

裏を返せば、**「これからの可能性」を強く感じさせる人は、自分にとって今よりいい会社に、しかも破格の好条件で迎え入れられるチャンスがある。**とくに前ページの図で紹介しているような職種は、年齢・経験を問わず短期間でトップクラスの収入を得ることができる。自己成長に余念のない人にとって大きな狙い目です。そこに入るベストタイミングが、「一人前になってから実力のピーク時の間」ということです。

勤続年数と実感値で見極めろ

では、そのタイミングはどのように見極めたらいいか。目安は2つです。

1つめは、「勤続年数」です。

大企業と違って人数が少ない中小企業では、「習うより慣れろ」で、新人にもどんどん業務を任せます。実際の業務をこなしながら実力をつけていくため、勤続年数2～3

年、長くても5年ほどで一人前になれることが多いのです。

ひととおり仕事は覚えた。自信もついた。「さあ、これから」という勢いを感じさせる人は、中途採用をしている企業の側にも魅力的に映ります。


2つめの目安は、「今の会社が狭く感じられる」という自分の感覚（実感値）です。


今の会社で仕事を覚え、実力がピークに達すると、「もう、ここで学ぶことはないな」と思うようになるものです。「もっと新しいこと、大きいことに挑戦したいのに、今の会社ではできない」という思いも湧いてくるかもしれません。

子どものころは大きかった洋服が成長するにつれて小さくなるように、向上心のある人ならば遅かれ早かれ、今いる会社が窮屈に思えてくるはずなのです。

「何だか最近、やりにくいな」

「周りと話が合わなくなってきた」

こんなふうに感じることが多くなってきたら、それは今いる会社ではできないようなことに挑戦する意欲と可能性が、自分自身のなかで高まってきている証と考えていいでしょう。

大企業は「入社2～3年目」と「30歳手前」が節目

「社会の解像度」を上げると適職が見える

大企業に勤めている人には、大きく分けて2回、転職のタイミングがあります。

最初のタイミングは新卒入社後2～3年目。ただし中小企業勤務の人と違い、最初に訪れる転職のタイミングといえるのは「一人前になったから」ではありません。

中小企業では、多くが新卒入社後2～3年で一人前になりますが、大企業では、2～3年経っても、まだ仕事の全貌すら見えていない場合がほとんどです。

自分の提案がそのまま通ることなどもなく、上司と一緒に取引先に行ったり、上司から振られた資料作成をしたりと、いわば「仕事見習い」のまま、2〜3年があっという間に過ぎていきます。

また**実際に働いてみると、会社や社会に対する「解像度」が上がります。**

たとえば、入社前は華やかだと思っていた仕事が、じつは地味な作業の積み重ねだった。人に頭を下げる仕事だと思っていたら、じつは人から頭を下げられることのほうが多い仕事だった。このように、イメージと現実とのギャップに気づくというのは、よくあることです。

あるいは、毎日のように単純作業を振られて疲れ果て、終電の車中で「自分はいったい、何をしているんだろう……」と思ってしまう。こんなふうに、長期的な視点に立ったキャリアパスそのものを捉え直したくなる場合もあります。

どれほど事前に見聞きしていても、実際に働いてみないと見えてこないことがたくさんあるのです。

そのなかで会社に対して強い違和感を抱いたり、本当にやりたいことや自分に合っている仕事に気づいたりする人もいるかもしれません。学生のころに思い描いていたビジョンに変化が起こることもあるかもしれません。

その場合は、転職という選択肢もありです。大企業の新卒入社2～3年目ならば、また別の大企業で、「新人」として再出発できる可能性があるからです。

つまり大企業勤務の場合、2～3年目のタイミングでは、「第二新卒」としての転職の道を探るということです。

社内の「優良ライン」に乗れているか？

入社2～3年目のタイミングが過ぎたら、次は30歳の少し手前、28～29歳です。ここでは、客観的に「自分の立ち位置」を振り返ってみるといいでしょう。

2～3年間の「見習い」期間が過ぎた後、28～29歳というと、ようやく仕事の流れをつかみ独り立ちできるかどうか、というタイミングです。**そこで「自分の立ち位置」を振り返ってみる目的は、「この会社に自分の未来があるかどうか」を見極めるため**

です。

大企業ならば、たくさん同期がいるはずです。

彼らと比べてみたときに、自分は「社内の優良ライン」に乗れているかどうかを考えてみましょう。

たとえば出世スピードはどうか、社内のキーパーソンとつながっているか。

「この年齢で、このポストなら順調」「あの花形部署に配属されたら出世コース」「○○さんに気に入られているのなら安泰」など、**会社ごとに「未来のある人」を見極めるポイントがあるはずです。**

社歴5年以上にもなれば、どこからともなく流れてくる情報や噂話によって、こうした見極めポイントはつかんでいることでしょう。

そこで、もし、「いい流れに乗れていない」と気づいたのなら、転職活動を始めることで別の未来への可能性が開けます。

5年後、10年後の「キャリア設計」はいらない

人生は、すごろくじゃない

皆さんは、将来のキャリアをどんなふうにイメージしているでしょうか？

今の会社に残るにせよ、転職するにせよ、会社員を続けるとしたら年齢に応じて役職が上がっていくことを想像している人が多いでしょう。

当然、昇格には昇給が伴います。「何歳で年収いくら」「何歳で年収いくら」……などと皮算用し、そこに「何歳で結婚する」「何歳で子どもが生まれる」などの人生設計を重ね合わせる。皆さんも一度は考えたことがあるのではないでしょうか。

変化が緩やかだったかつての時代ならば、こうしたキャリア設計・人生設計でも、十分、充実した人生になっていたかもしれません。

しかしすでにお話ししたように、これから私たちが生きていくのは、我が国が今までに体験したことのないくらいの「激動の時代」です。**変化そのものが常態となると考えられる以上、働く個人のキャリアも変化し続けることを前提に考えなくてはいけません。**

「キャリア設計」と聞いて、私が思い浮かべるのは「すごろく」です。社会人1年目をスタート地点として、数年ごとに役職と年収の目標を1つずつクリアしていく。ゴールは、たとえば「年収1000万円」といったところでしょうか。

単純に「もったいないな」と思います。**「キャリア設計」とは、あなたがそのときどきでやっている仕事内容に依存した将来設計**であり、本当は誰もが唯一無二の存在になれるのに、ゴールを設けることで実際よりもむしろ小さくまとまってしまうからです。

といっても私は、「夢は大きく、目標は高く」と言いたいわけではありません。「年収1億円」を目標とすればいいなどという話ではなく、自分のキャリアを考えるうえで、いったんその「すごろく発想」自体をやめてみよう、ということです。

目指す年収、目指す役職に合わせて自分を大きくしていくようでは、その年収、その役職に達した時点で頭打ちになってしまう。

それどころか、変化の時代においてはそういう目標設定自体が、ほとんど意味をなさなくなっていくでしょう。**3年先すら見通せないなかでは、そもそも5年先、10年先のキャリアを「設計」しようという発想そのものが無理筋**というわけです。

「何かをもたらす個人」になれ

では、どういう人ならば、変化の時代に大きく成功できるでしょうか。

ひとことで言うと、「今できること」に集中し、そのなかで生まれる小さな目標を着実に達成していける人です。言い換えれば、「会社に、ひいては社会にもたらせるもの」を着々と大きくしていける人です。

そのためには、確固たる「自分軸」が必要です。社会が変化したら意味をなさなくなるような「キャリア上のゴール」「キャリア上の目標」ではなく、どんな社会であろうと変わらない「あなた独自の価値観」です。

それがあるから、目の前のことに打ち込み、小さな目標を1つずつ達成できる。会社や社会に「もたらせるもの」を着々と大きくしていくことができるのです。

年収や役職の目標は、いったん置いておきましょう。**自分がもたらすものが大きくなれば、あとから自然と年収も、ふさわしいポストも必ずついてくる**ものだからです。

この先の未来、世の中がどのような変貌を遂げるかは、誰にもわかりません。リーマン・ショックや東日本大震災、今のコロナ禍《か》、今後それに匹敵するような変化が起こってもなお、自分自身を仕事とともにグレードアップさせることができるか。それは、確固たる「自分軸」の有無にかかっているのです。

今の仕事と「人生の目的」を一本線で結べ

世の中には、成功法則本もキャリア戦略本も数えきれないほどあります。

それぞれ個性豊かに考え方や手法が説かれていることと思います。

本書を通じて私が皆さんに伝えられるのは、40歳までに売上1000億円を突破し、今では20万人のチャンネル登録者がいるYouTuberになった、私自身の経験に基づくことだけです。

私はいわゆる有名大学の出身ではありません。一般的には名の知れていない、ある大学の第一期生でした。

それも、入学後から聞いたところによると、じつは筆記試験では合格点に達しておらず、面接官に見せた熱意だけで合格が決まったそうです。

私は世代で言えば「ロストジェネレーション」です。就職活動を始めたころは、折しも就職氷河期真っ只中。それでも何とか、とあるＩＴ系のベンチャー企業に就職することができました。

その後の詳しい経歴はここでは省きますが、最初に入った会社で、私は「非効率な日本企業を正す」という「人生の目的」を得ました。あまりにも非効率的な業務が多かったからです。

会社員としてのキャリアのなかで、私は何社も渡り歩きました。闇雲に転職を繰り返していたわけではなく、すべては、この目的に近づく「手段」としての会社を乗り換えるためでした。つまり私にとって仕事とは、すべてにおいて「非効率な日本企業を正す」という人生の目的と結び付いたものだったのです。

２社目以降、外資系ＩＴ企業に転職した私は、法人向けのＩＴシステムを売ることで、名だたる大企業をはじめとした日本企業のビジネスを再構築し、非効率を根こそぎ正してやる。そんな考えに突き動かされていました。

そして40歳となったときに、私は会社員を辞めました。

この時点で、年間売上は１０００億円を突破していました。次に見えたのは「１兆円」という額でしたが、それは、さすがに１つの企業のなかで達成するのは難しいと思いました。

一企業の一営業パーソン、一役員としては、最大限にまで「非効率な日本企業を正す」という目的に近づくことができた。かつてははるか彼方に見据えていた大目標がかなり近づいてきたと実感したとき、私は人生の目的をアップデートしたのです。

夢も目標も、がんばれば達成できるかもしれません。しかし**「人生の目的」は、近づくことはできても、永遠に達成されることはない「自分の人生の方向感」**です。

だからこそ社会の変化や、自分自身の成長度合いに応じて、手段を次々と乗り換える必要があります。

では、次なる「1兆円」に近づく手段は、どこにあるか。

考えた末にたどり着いたのが、YouTubeで転職活動・就職活動を指南する動画配信をすることでした。

約20年間、大企業の経営者クラスの人物たちと数多く接し、自分自身もたくさんの人材採用を行ってきた経験から、どのような人材が日本企業に必要なのかははっきりと見えていました。

外資系ＩＴ企業の会社員からYouTuberに転身するなんて突飛な考えに思われそうですが、私には確信がありました。

日本の若者向けにキャリア戦略を指南することで、彼らが本来ある可能性を開花させ大きく社会に羽ばたけば、結果的に私は1兆円規模の経済効果を生むことができる、と。

現時点で、私のYouTubeチャンネルの登録者は約20万人にも上ります。

この登録者数を維持、もしくはさらに増やすことができたとして、毎年、とくに熱心なトップ1万人の視聴者が、私の指南したことを忠実に実践してくれたなら、どうでしょう。

わかりやすい例は学生向けの就活指南です。毎年10万人の就活生が私のYouTube動画を視聴してくださっています。現在少なくとも上位1万人の学生が、生涯年収で換算すれば1億円ほど高くなる就職ができているでしょう。つまり、1万人×1億円で毎年1兆円を社会にもたらすことができているのです。そして彼らは、それぞれの人生の目的へと向かう「斜め上」の転職によって、さらに年収を上げていきます。

志高く、生き生きと働く彼らの活躍によって、世の中にもたらされる価値は何倍にも増えていく。

視聴者および読者の結果にフォーカスする。これは、本書の狙いの1つでもあります。

自分自身が動くのではなく、人を育てることで、もたらせる金額は跳ね上がるのです。

私の人生の目的は当初、「企業の非効率を正す」というものでした。

「ビジネスを再構築すること」で、その目的にはだいぶ近づくことができた。そこからさらに「もたらせるもの」を大きくしたいと考えたことで、私の人生の目的はアップグレードを遂げました。

それは、「日本を1流の国であり続けさせる」というものです。

今私が取り組んでいる「人材育成を通じて、採用のあり方を変えること」は、このアップグレード版の人生の目的に近づく手段なのです。YouTubeなどのプラットフォームを活用し、「もたらす人材」を輩出することにより、より大きな目的に近づいていけるようになったわけです。

早く、たくさん果実を得たい症候群

「他人と比べる」の落とし穴

今の若い人たちを見ていると、どうも、仕事に対して「早く果実を得たい症候群」になっているように思えてなりません。

「手っ取り早くお金を稼ぎたい」「早く給料が上がる企業に行きたい」といった欲が、仕事の意欲の大半を占めているように見えるのです。

とにかく早く「果実」を得たい。しかし得た後には、いったい何を成し遂げたいのでしょう。何か人生を通じた目標や展望はあるのでしょうか。

ここで1つ、紹介しておきたい象徴的な事例があります。

東京海上日動火災保険という保険会社があります。ひと昔前には、就活生の間で人気ナンバーワン企業でした。東大・早慶卒でなくては、スタートラインにすら立てないほどの超難関企業。その東京海上日動火災保険が、2010年ごろから学歴のハードルを一部取り払ったといいます。

なぜなら、**これまで採用してきたような高学歴者が、自社の求める人材像と食い違う傾向が現れはじめた**からです。

保険会社の新人の仕事といえば、既存の取引先へのルート営業と相場が決まっています。つまり、代理店を回って「ご機嫌取り」をしなくてはいけません。ところが近年の高学歴な新人たちは、その肝心なご機嫌取りができなくなっているようです。

むしろ、日東駒専あたりの出身者のほうが、その点では素直で優れているのではないか。そんな見立てから、本社勤務の総合職では高学歴者を採る一方、代理店巡りの営業職については学歴ハードルを設けなくなったのです。

では、なぜご機嫌取りができない新人が増えたのか。その一因は、ここ数十年で起こってきた「情報爆発」にあると私は見ています。

いうまでもない話ですが、今はインターネットで手軽に、かつ無料で莫大な情報が手に入る時代です。仕事にまつわる情報も例外ではなく、企業の社内文化から給料相場、出世のペースまで、検索キー1つで何でも他人と比較できてしまいます。

すると何が起こるでしょうか。「まずは、今いる場所でがんばってみよう」という心意気をもつより、「あっちの企業のほうが、いいかもしれない」と移り気になる人が増えるのは当然でしょう。

なかでも強く影響を受けているのは、やはり「お金＝給料」に対する感覚だと思います。冒頭で述べた**「手っ取り早く稼ぎたい」「早く給料が上がる企業に行きたい」といった「早く果実を得たい症候群」は、情報爆発時代の産物なのです。**

自信のある高学歴者であれば、なおさら「もっといい思いができる企業がある」と思うでしょう。それこそ大変な「代理店のご機嫌取り」なんかしなくてもいい企業があるはずだ、そこに転職したいと思っても不思議はありません。

なぜ、将来を考えると不安になるのか

また、情報が氾濫するなかでは「このままでいいのだろうか」という漠然とした不安も生まれやすくなります。比較する対象が多ければ多いほど、自分は適切な道を歩んでいるのだろうか、もっといい選択肢があるのではないか――という迷いに陥ってしまうのです。

すでに根付いた感のある「転職ブーム」も、こうした情報爆発が背景にあることは間違いありません。

このように、つねに情報があふれているばかりに、地に足のついた仕事人生を歩みにくくなっている。そういう意味では**今の若い世代は、情報化社会という時代の被害者と言ってもいいのかもしれません。**

「あっちの企業のほうがいいかもしれない」という移り気も、「このまま、今の会社にいていいのか」という不安も、情報があふれているばかりに生まれるものです。

時代のせいにするのは簡単ですが、この本を手に取った皆さんには、ぜひもっと先を行ってほしいと思います。

情報があふれているために移り気になり、不安になる。それは他人軸で生きているということ。他者に左右されない「自分だけのものさし」がないから、情報の波に呑《の》まれてしまうのです。

私は、お金を追い求めることも、転職志向も、どちらも否定していません。そして「石の上にも三年」といった忍耐論や、「置かれた場所で咲け」といった美徳を振りかざすつもりもありません。

私自身、22歳から40歳の間に何度も転職し、じつに6社を渡り歩いた身です。

より高い報酬を求めてパッケージソフトの法人営業職に就き、2年連続で世界最高売上、26歳で役員に就任して年収1億円を突破。その後も管理職として、全社の売上が1000億円突破などを経るなかで、安定して数千万円の年収を得られるようになっていました。

しかし、決してお金だけを追い求めていたわけではありません。

私は、つねに自分の内側にあるものさしに沿って生きてきました。

その企業での目標、その仕事での目標などという細切れのものではなく、自分の人生を通して何を成し遂げたいのか。自分の墓標に「何をした人間」として刻まれたいか、という「人生の目的」があったのです。

有名大学卒でもない私が、向いていないと思っていた営業職で早々に社内で認められ、収入的にもポスト的にも引き上げてもらうことができたのは、ひとえに自分のものさしをもって、真に自分の人生を歩んできたからなのだと思います。

自分のものさしがある人は、それを使って「自分の人生をかけて成し遂げたい目的」を定めることができます。そして目的がある人は、年収や役職といった短絡的な目標を超えて、自分が世の中にもたらすものを大きくしていくことができます。

するとあとから果実がついてくる。地位もお金も、自然と上がっていくのです。

ほかの誰のものでもない、自分だけのものさしに従って歩み続けているうちに、同じスタート地点から出発したはずの人たちが、気がついたら、はるか後ろにいることに気づくでしょう。

会社にも仕事にも、依存しない個人になれ

「軸」を持てば、何があっても揺らがない

人生の目的とは、「人生を通じて、こうしたい」というものです。

それは「日本を変える」「世界を変える」といった壮大なものとは限らず、「こういう分野のプロフェッショナルになりたい」というのも、立派な人生の目的です。

人生の目的のスケールの大きさは問題ではありません。

重要なのは、自分が定めた人生の目的にいかに近づいていくか。**そのための「手段」として会社、仕事を位置づけられる人は、そのどちらにも依存しない、本当の意味で**

自立した個人と言っていいでしょう。

そういう人は、つねにモチベーション高く仕事に取り組めます。その仕事で努力すればするほど、自分の人生の目的に近づけるのですから当然ですね。そしてモチベーション高く仕事に取り組んでいれば、自然と大きな成果も出やすくなります。

また、転職を考えたとしても、人生の目的が定まっている人は成功しやすいともいえます。

なぜなら、「今の会社が嫌だから」といったネガティブな理由、あるいは「もっと給料がほしいから」といった短絡的な理由ではなく、「人生の目的に近づけるかどうか」という価値判断で転職を考えられるからです。

この価値判断がある人は、採用面接でも、その会社で「何をしたいのか」「何ができるのか」をはっきりと示すことができます。採用側からすれば、それは「活躍イメージ」がはっきりと思い浮かぶ「今すぐほしい人材」です。

そしてもちろん、転職先でもつねにモチベーション高く仕事に取り組み、成果も出やすくなります。

探しているうちは天職に出会えない

このように、今の会社に残るにせよ、転職するにせよ、希望するキャリアを実現できるかどうかは人生の目的が定まっているかどうかにかかっています。

仕事を通じてそれに近づいていく。手段としての仕事を突き詰め、どんどん精度が高まっていく。それこそが自分の「天職」です。

若い人と話していると、よく「自分の天職は何でしょう？」「どうしたら天職が見つかりますか？」と聞かれます。

しかし、**自分が本当は何をしたいのかが見えていない人に、自分の天職がわかるはずもありません。**天職とは、探し求めて見つけるものではないのです。

一貫性のないキャリアを歩んでいては、結局は何者にもなれません。仕事を通じて大きく成長し、成功を収めていきたいのなら、やはり一定の方向性に沿ってキャリアを積み重ねていく必要があります。

向かい続ける方角を定めろ

現在、皆さんの社会人歴はどれくらいでしょうか。

就職活動のとき、何か「自分の人生を通じて、こうしたい」と言えるものはありましたか。

今働いている会社は、その思いに沿って選んだところでしょうか。

今から人生の目的を定めることも、もちろん可能です。

社会人になって3年くらいまでの人は、「ゆくゆくは、こうしたい」というものを想像してください。「実際に何ができるのか」は、とりあえず不問でかまいません。

就職活動のときは何も見えていなかった人でも、数年、働いてみたことで、より将来の理想像をイメージしやすくなっているはずです。

また、就職活動の際に、ある程度は将来の理想像を思い描いていた人も、社会人歴3年くらいまでならば、まだ方向転換できます。今のまま突き進んでいいのか、それとも第二新卒として転職を考えるのか、その判断をするために改めて考えてみるのもいいでしょう。

社会人歴３年を過ぎたら、「こうしたい」だけでは不十分です。

３年以上の経験を積むなかで、実際に何ができるようになっているのか。自分が「こうしたい」というだけでなく、世の中に対して「何ができるか」という視点も合わせて、人生の目的を考えてみてください。

これは、今の自分の延長線上に人生の目的を定め、今向かっている方向性に沿ってキャリアを積み重ねていくということです。そうでないと、先ほど触れたような支離滅裂なキャリアになりかねません。

次ページの図を見てください。たとえば、広告会社に勤めていた人が、急に社会貢献に目覚めて「『国境なき医師団』で働きたい！」と思い立ったとしましょう。

おそらくこれは難しいはずです。なぜなら「したい」という熱意はあっても、これま

キャリアの方向性は変えられない

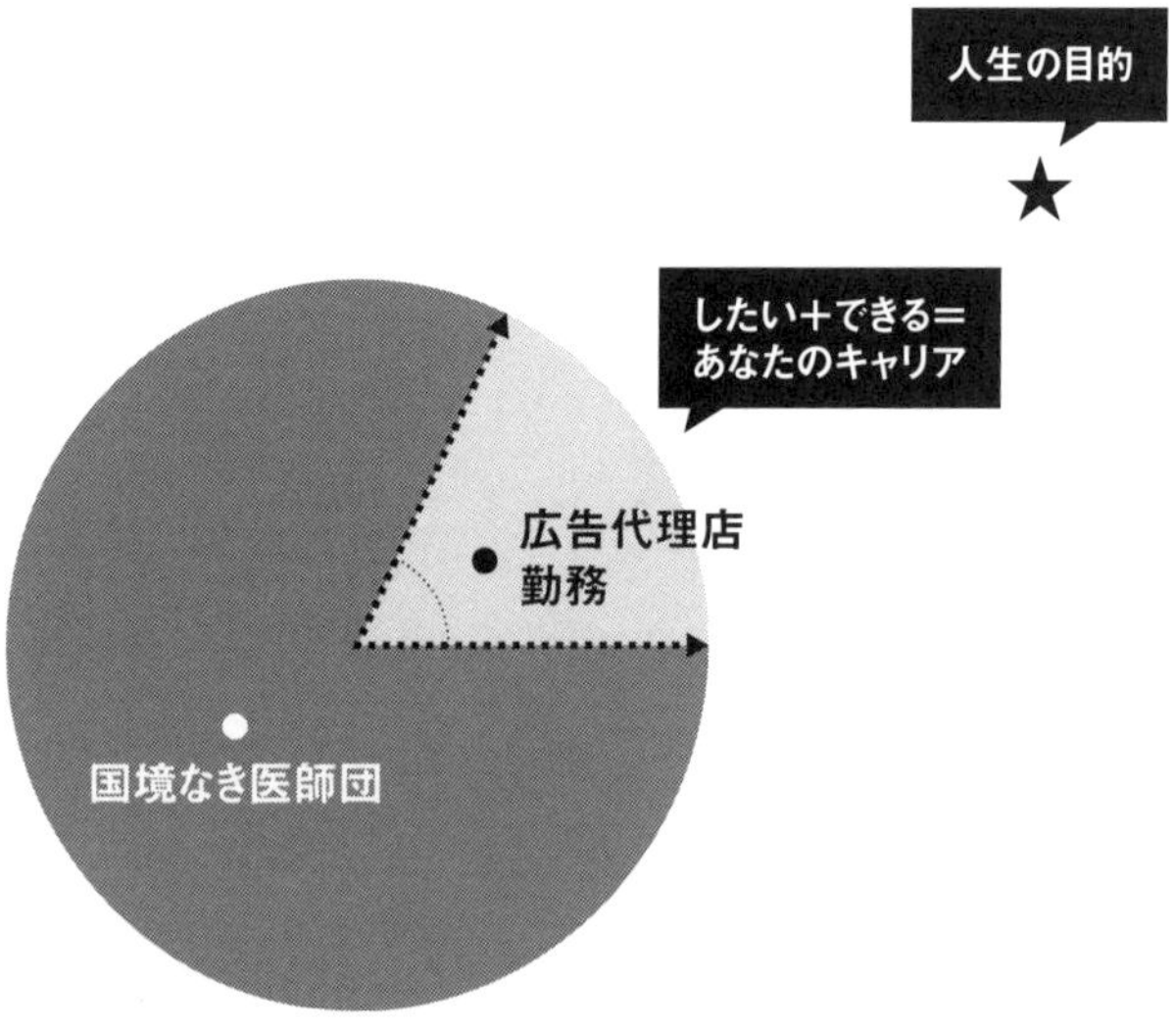

でのキャリアで培われた「できる」が「国境なき医師団」でどう役立つのかが見えないからです。

つまり、3年以上同じところで働いた時点で、仕事人生の方向性はある程度、絞られている。その方向性からブレずに進むために、**自分の「したい」と「できる」の両方から、人生の目的を考えてみる必要がある**のです。

同じ「広告会社から社会貢献へ」という転身でも、「したい」と「できる」の両方から考えてみれば、まだ可能性があります。

社会貢献に目覚めたことで、「福祉の網からこぼれ落ちる人たちをなくしたい」という人生の目的を得たとしましょう。

そうと決まれば、広告会社で働き続けることはできない。とはいえ「国境なき医師団」は難しい。

そこで「広告会社で培ったプロモーションのノウハウを生かして、いまだに東日本大震災の爪痕に苦しんでいる東北の復興事業を盛り上げたい」――といった話になるのなら、今の自分の延長線上に位置づけることができます。

この転身によって、収入は下がるかもしれません。

しかし、「福祉の網からこぼれ落ちる人たちをなくしたい」という、新たに設定した人生の目的には確実に近づくことができます。

したがって、これはその人にとっては「いい転職」なのです。何のために働くのかわからないまま働き続けるより、ずっと充実した幸せな人生になるでしょう。

それに加えて、手段としての仕事にモチベーション高く取り組んでいれば、成果が出やすくなる。つまり「世の中にもたらせるもの」が大きくなっていきます。そして地位や収入は、じつは「もたらすものの大きさ」に比例します。

今挙げた「広告会社から社会貢献へ」という転身の例でも、その可能性は大いに考えられます。

社会貢献に関わる仕事でモチベーション高く働き、世の中にもたらすものが大きくなれば、あとから地位や収入もついてくる。結果として、モチベーション低く広告会社で働いていた場合と比べてより高い地位、高い年収になっていく可能性もあるのです。

自分なりのキャリアを突き進むうちに、前述の「国境なき医師団」から声がかかるかもしれません。その時、あなたは「国境なき医師団」は手段であり、真の目的ではなかったということに気づくでしょう。

自分の「あり方」の偏執狂であれ

適職の最適解はもう出ている

転職を希望する人の多くが、職業選択に悩んでいます。

性格や職歴を並べて、「私に向いている職業は何でしょうか？」というのも、若い人からよく聞かれることです。

そんな問いに対する私の答えは、1つだけです。

「それは、自分で決めてください」――突き放しているように思われるかもしれませんが、本当にそうとしか答えられないのです。

なぜなら、適職とは条件的、客観的に判断できるものではなく、多分に主観的なものだからです。

言い換えれば、**誰が何と言おうと自分の価値基準に沿って選ばなくては、適職とは言えません。**世の中にはさまざまな問題解決の手法がありますが、職業に関しては、自分のなかにしか最適解を出す方法がないのです。

そうなると、突き詰めなくてはいけないのは、就活のときに誰もが通ったような「自己分析」や「適性判断」などではなく、自分自身の価値基準です。「自分に適したもの」を見つけるには、当然ながら、「自分に適していないもの」を排除しなくてはいけません。自分の価値基準が定まっていなければ、その目利きの精度が低くなってしまいます。

自分のなかに羅針盤を持て

仕事には、さまざまな側面があります。「年収」なのか、「仕事の規模」なのか、それとも仕事を通じて得られる「人脈」なのか、はたまた「やりがい」なのか。どの側面をもっとも重視して仕事を選ぼうか、と考えたことのある人も多いと思います。

- お金持ちになりたいから「年収」？
- 何か大きなことをやりたいから「仕事の規模」？
- 仕事の幅を広げたいから「人脈」？
- 世の中の役に立ちたいから「やりがい」？

本当に自分らしい人生を歩みたいなら、ここからさらに自分の価値基準を掘り下げることをおすすめします。

今までにもお伝えしてきたことですが、もう「会社に入れば安心」という時代はとっくに終わっています。「仕事をもらう」「会社に何とかしてもらう」という、他人任せの発想では生き残っていけません。

これからの時代に通用する人材となっていきたいのなら、他人の価値観に沿って生きるのはもうなしです。一度限りの自分の人生、自分自身の価値観に沿って生きていくことが、今後はもっとも有効な生き残り戦略となっていくでしょう。

自分が仕事人生を通じて成し遂げたいことは何でしょうか。

なぜ、それを成し遂げたいのでしょうか。

そして自分が死んだ後には、次世代の人たちから、どういう人だったと語り継がれたいでしょうか。

そんなあなた自身の物語と仕事を結び付けるように考えてみてください。

適職を見つける自分の価値基準とは結局のところ、一人の人間としてどう生きたいか、という「あり方」の問題なのです。

適職は、そのときどきによって変わるかもしれません。企業は自分の人生の目的に近づくための手段であり、手段としての企業を乗り換えるときに、職が変わる可能性があるからです。

つまり、あり方を追求するステージが変わるごとに、あり方に見合った職も変わっていく可能性があるということです。いっそのこと偏執的なまでに突き詰めていく、自分の理想のあり方、その指し示す方向が一生の羅針盤になります。

第４章

99％が気づけない転職の真実

――やってはいけない転職活動

「市場価値」なんて、存在しない

資格はただのアクセサリー

今の会社で上を目指すか、より大きな環境を求めて転職するか。

「やっぱり転職を目指そう」と思ったときに、いくつか陥りがちな罠があります。

たとえば「市場価値を上げる」という幻想、この大きな罠から説明していきましょう。

転職したいと思ったときに、誰もが考えるのが「自分の〝ウリ〟は何だろうか？」という問いだと思います。「中の上」以上の実力をつけ、スキルを抽象化する以外に、転職に有利な武器を身につける方法があるのなら、ぜひとも知りたいでしょう。

世に出回っているキャリア指南本やキャリアカウンセリング、転職サイトで説かれているのは、まだまだ「定量評価を勝ち取れ」というものが大半です。

その文脈から「転職に役立つ資格を取ろう」と指南しているものも多い。資格は「目に見えるもの」「誰から見ても評価が変わらないもの」ですから、たしかに一見、定量評価に加勢してくれるように思えます。しかし**人事の最終決定者が見ているのは、定量で測れる要素ではなく、あなた自身＝定性の領域なのです。**

皆さんも、「転職」と考えたときに「資格」の2文字が頭をよぎったことがあるでしょう。もしかしたら、ネット上の宣伝文句に影響されて、すでに何らかの資格の勉強を始めている人もいるかもしれません。

しかし、現実には「市場価値が上がる＝採用に有利になる資格」は、ほとんど存在しません。「今より大きな環境」を求めるのならなおのことです。

英検1級や経営学修士（ＭＢＡ）は見た目には華々しいですが、企業側、とくに最終的な採用決定権のある上層部の人間にとっては、何の意味もありません。

稀に資格が意味をもつとしたら、「その資格をもっていればこういう仕事ができる」と明確にイメージできるケースや、「我が社の仕事にはこういう資格が必要だ」と条件づけられているケースだけです。

まず就きたい職業があって、そのために必要な資格を取りたいという話ならば、がんばって取得すればいいでしょう。

しかし「立派だけど使い道のない資格」は、「見た目は美しいけれど価値の低いメッキのアクセサリー」と同じなのです。まったくの無価値とはいいませんが、ちょっとした飾り程度の役割しか果たしません。

採用者は「ここ」を見ている

ここで改めて問いたいのですが、そもそも「市場価値」とは何でしょうか。

「あなたにとって、市場価値とは何ですか？」というのは「市場価値を上げたい」と相談してくる就活生や若い社会人に、私がよく問う質問です。すると決まって「資格」

「英語力」「経験」といった、ぼんやりした言葉が返ってきます。

なぜ、ぼんやりとした答えになるのでしょう。

それは、「自分がどうなりたいのか」がわかっていないからにほかなりません。要するに自分軸が定まっていない。だから、ネットでしばしば目にする「市場価値」などという空っぽな言葉に惑わされて、「市場価値を上げたい」と口走るのです。

このように、結局は「世間でそう言われているから」という他人軸に沿って、自分の人生を考えようとしているところに、大きな問題があると言わねばなりません。

私は会社員時代に、役員として採用にも数多く携わってきました。

その経験から、はっきり言います。

世間でもてはやされている「市場価値」が「資格」「英語力」「経験」などを指すのだとしたら、少なくとも私の知る限り、「市場価値」という概念は存在しません。

なぜなら、私自身採用に携わってきた年収1千万円レベルの採用では「人」を見るのが常道です。「どんな資格をもっているか」「英語力はどれくらいか」では判断しません。

年収1千万円以上で、高卒者も数多く採用してきました。誰にでもわかるような尺度で人物を判断することなんてできないからです。「経験」はもちろん重視されますが、それにしても、履歴書の数行にまとまる程度のものだったら、何の価値も見出されないでしょう。

たとえば、英語ができたところで、「その企業で利益を挙げられる実力、可能性」がなければ話になりません。それは、私が実際に接してきた外資系のトップセールスパーソンやトップコンサルタントに、意外と英語ができない人が多いことからも明らかです。

転職市場で問われるのは「市場価値」ではなく、自分という人間の「人柄」、そして「何を考え、今後どうなりたいと考えているのか」という軸です。

誰もが唯一無二の存在として、世に大きなものをもたらす存在になれます。そしてその可能性は、まず自分軸を定めてこそ開かれます。

転職エージェントは、味方ではない

「適正年収」に惑わされるな

転職しようと決めた。「よし、さっそく転職エージェントに登録だ」と思ったとしたら、要注意です。

ネットでは、「あなたの適正年収は？」「あなたの本当の価値、調べます」といったキャッチコピーの掲げられたバナー広告をよく見かけます。

今の会社より大きな環境を求める転職希望者には、たしかに魅力的な宣伝文句でしょう。とくに給料面で不満を抱いている人は、ついクリックしたくなるはずです。

しかし、これこそ転職希望者を登録へと導く「釣り広告」です。ちなみに、そうした**「おいしい宣伝文句」をサイトに掲載するのは、広告がクリックさせることで広告主から成果報酬を得ているアフィリエイターです。**

バナーをクリックすると、今の会社の社歴、役職、年収、もっている資格などの入力画面に切り替わり、最後まで入力すると転職エージェントに登録完了となります。

すると、いわゆる「あなたの担当エージェント」が、登録された情報を元に企業とのマッチングを行い、「あなたに合いそうな、こんな会社があります」と紹介してきます。

そこで登録者が興味を示したら、その次の段階として、エージェントは企業側に「御社に合いそうな、こんな人材がいます」と紹介します。

企業側では、まず採用担当者がその人材の情報（転職エージェントに登録した内容）を閲覧します。そこで落とされなければ、実際に人を募集している現場に情報が回され、現場の採用担当者が関心をもったら、いよいよ面接となります。

よく「登録したら、あなたに合う企業からのオファーを待つだけ」などと謳われているのは、転職希望者が入力した情報と人を募集している企業の条件を、担当エージェントが照らし合わせ、適合しそうな企業を登録者にあてがっているからなのです。

エージェントによって多少の違いはあるでしょうが、これが転職エージェントを使った転職の大まかな流れです。


ここまで読んで、皆さんはどう思いましたか？

「自分に合う企業を見つけてくれるのだから、親切なサービスじゃないか。どんなデメリットがあるのかわからない」と思ったとしたら、かなりおめでたい思考と言わねばなりません。


断言しましょう。転職エージェントは、あなたの味方ではありません。

いかにも親身で頼れる味方のような顔をして目の前に現れますが、彼らにとって転職希望者は、いわば「カモ」です。「適正年収」「あなたの本当の価値」などという甘い文句に乗せられてはいけません。

そもそも、**「イエス・ノー」方式や選択方式の回答、あるいはほんの数行で入力できる情報だけで、「あなたに合う会社」を見極められるはずがないのです。**

たとえて言えば、身長、年齢、年収といった簡単なチェックリストだけで、一生仲よく添い遂げられる結婚相手を見つけることはできない。それと同じ話です。

売上ノルマを見て、応募者を見ず

転職エージェントはなぜ、あなたの味方ではないのか。それは、彼らは何で食っているのか、どんなふうに仕事をしているのかを考えてみれば明らかです。

企業に人材を紹介することで、企業から仲介料をもらう、というのが転職エージェントの基本的な収益システムです。登録者が増えれば増えるほど、そして企業に紹介し、採用が決まれば決まるほど、転職エージェントにとってはお金になるのです。

そうなると、転職エージェントとしては、「採用成立1件につきいくら」というインセンティブつきで社員にノルマを課し、より多くの採用を獲得するというのが、収益を最大化するもっとも手っ取り早い方法です。

では、ノルマを課された社員は、どうするでしょうか。

転職希望者の能力や将来性などを細かく精査せず、とりあえず登録された情報だけを見て、条件的に見合う企業を紹介するようになってしまいがちです。「質」より「量」が求められるなかで厳しいノルマを達成するには、そうするしかありません。

現に「エージェント」とは名ばかりで、丁寧な面談すら行わない転職エージェントが大半です。これこそ、転職希望者の「人」そのものではなく、入力された「情報」だけを見ている証でしょう。

しかも、転職エージェントの仕事は「人材を紹介するまで」です。紹介した人材がその企業でどれくらい働くか、あるいはどれほどの成果をもたらすかなどは、転職エージェントの収益にはまったく関係ありません。

これも、転職エージェントが自分たちの利益を最大化するために、「質」ではなく「量」のマッチングに終始している一因といえます。

もちろんどんな職種でも、いい加減な仕事をしていれば評判は悪くなります。紹介した人材が長続きしなかったら、あるいは成果を挙げられなかったら、採用する企業からの信頼は低くなる。だから、ある程度はマッチングの「質」も担保されるのではないか、という見方もあるかもしれませんが、じつはそうでもないのです。

転職エージェントは、紹介した人材が長続きしなかったら、企業に「あの人は期待はずれでしたね。次こそはいい人材を紹介します」と言うでしょう。

また、もし同じ人が登録してきたら「あの会社は期待はずれでしたね。次こそは、あなたに本当に合う会社を見つけます」と言うでしょう。

このように、**自分たちの人を見る目やマッチングの精度の低さは棚に上げて、企業側には「人材のせい」、転職希望者には「企業のせい」という他責のロジックを用いる。**そのうえで「次こそは」カードを切るのが、転職エージェントの常套手段です。

転職は、間違いなくあなたの人生にとって大きな転機です。

しかし、転職をさらなる成長、飛躍の転機とできるかどうかは自分次第です。そこで安易に転職エージェントに頼るというのは、仕事の「質」より「量」で利益の最大化を図っているような人たちに自分の人生を預けてしまう、ということにほかなりません。

目の前の給料に騙されてはいけない

やりたい仕事なら、給料は関係ない？

突然ですが、ちょっと想像してみてください。

中小の物流会社勤務の25歳。この人は、将来的に衣料品を主に扱う店舗型ビジネスを始めたいと思っています。今の会社に入ったのは、まず物流の基本を学びたいと考えたからでした。

さて現在25歳。社歴3年となった今、この会社で学べることはすべて学んだように思えました。そこで転職を考えたときに、真っ先に浮かんだのは「今度はアパレルの実店舗で経験を積みたい」という思いでした。

物流の知識と経験があるとなれば、「実店舗の仕入れ担当」として求められることは十分理解できます。

しかし、アパレル業界の給料は総じて低めです。今の給料も決して高くはありませんが、物流会社からアパレル会社に転職したら、今と同程度か、もしかしたら下がってしまうかもしれません。

では質問です。この人にとってアパレル業界への転職はありでしょうか、なしでしょうか?

もちろん、ありです。

この人には「将来は店舗型ビジネスをしたい」という思いがあります。

今の物流会社も、転職先として考えているアパレルの実店舗も、その思いの実現につながる手段です。たとえ給料が下がろうと、ゆくゆくは「店舗型ビジネス」で成功を収め、世にもたらすものが大きくなれば、あとからお金はついてくるでしょう。

年収で仕事を選ぶと損をする

急にこんなストーリーをお話ししたのは、大事なのは自分軸であり、会社はそれに沿って生きる「手段」だという前述の話を、ここで再確認してほしかったからです。
というのも、とくに**「収入」というテーマになると、会社を「手段」として考える視点がどこかへいってしまう人が多い**のです。

人間、誰しも働いたら報酬を得たいものです。ただし、お金にとらわれすぎると、「給料が高くなるか、低くなるか」となったときに、自分軸なんてどうでもよくなってしまって、給料の額だけで転職先を選ぼうとしてしまう。**裏を返せば、自分軸が定まりきっていないから、「給料の額」というはっきりと目に見えるものに左右されてしまうわけです。**

これではあまりにも短絡的です。結果的にあなたの人生の価値を損ねる行為と言っても過言ではありません。

会社は、単に給料を払ってくれる存在ではありません。自分軸に沿って生き、目的に近づくための「手段」だと考えれば、「給料が上がるかどうか」以外のもっと大切な価値基準で転職を考えることができるでしょう。

あるいは、企業の口コミサイトなどを参考にしている人も多いかもしれませんが、ほとんどあてにはなりません。なぜなら、こうしたサイトに投稿しているのはその企業を辞めた人か、誤解を恐れずにいえば、その会社で実績を出せずに不満ばかり言っている人がほとんどだからです。

つまり**企業の口コミサイトは、そもそもネガティブな情報になる傾向がある。しかも、ネガティブな声ほど大きくなりがちです。**そんなものを鵜呑みにして、自分の人生の貴重な一過程である転職先を選んではいけません。

会社選びにおいて大事なのは、給料の額でも、見知らぬ他人の評価でもない。自分自身がその会社をどう捉えているか、その会社が自分にとってどんな手段になりうるのかが、つねに問われているのです。

現代の「奴隷制度」から抜け出せ

会社からもらってばかりいると、「使えない人」になる

会社を「給料を払ってくれる存在」と捉えていると、どうしても「雇ってもらう」といった受動的な姿勢になってしまう。これも、転職希望者にありがちな落とし穴です。人手が足りない時代では、そういう姿勢でも食いっぱぐれることはありませんでした。人海戦術的な仕事も多かったかつての時代は、むしろ「もらった仕事を疑問なく、効率的にこなす受動人間」が求められていたと言ってもいいでしょう。

しかし、**「もらった仕事を効率的にこなせばいい」というのは、私は「現代の奴隷**

制」だと思っています。

大げさな表現だと思われたかもしれませんが、実際のところどうでしょうか。自分という人間のオリジナリティを打ち出すことは求められず、会社が決めたことを実行するだけ。自分がいなくなってもすぐに代わりが見つかる。要するに、自分は仕事を回す歯車の1つ、単なる部品に過ぎません。

その最たるものは、「働いた時間＝もらった仕事をこなした時間」に応じて給料が支払われる派遣社員などですが、会社員の「月給」も、本質的には時間労働と変わりません。これは、奴隷的な働き方とは言えないでしょうか。

勘違いしてほしくないのですが、私は、会社に雇われるくらいなら独立しろと伝えたいわけではありません。組織に属するのが嫌で、安易にフリーランスへの転身を夢見る若者が増えている傾向を憂いているくらいです。

私自身、今でこそYouTuberですが、40歳までは会社員だった人間です。そこで得た経験から、皆さんに対してもまずは会社員として成長する道筋を示せたらと思っています。

つまり私は、会社員そのものを辞めようと言っているのではない。**何一つ自分の個性を発揮しないまま、「もらった仕事」をこなして「給料をもらう」という奴隷発想をやめよう**、と言いたいのです。

折しも企業側が選ぶ人材が「新しい価値や、変化をもたらせる人」へと移り変わってきているなか、奴隷発想からの脱却は転職先を選ぶうえで非常に重要になってきます。

「スケールする」仕事を選べ

今の仕事か、転職か。そう考えた末に、せっかく新たな環境を求めようと心を決めたのですから、「スケールするかどうか」という発想で仕事を選んでほしいと思います。

「スケールする」とは、たとえば、自分の１分間が通常の10分間、１００分間の価値になる、ということです。

価値といっても金銭的な価値ではありません。

よく「私の1時間の値段は、普通の人の10時間分の値段だ」とか、「私の日給は普通の人の月給に匹敵する」などと豪語する成功者がいます。しかし、これは「時間単位で金銭的な価値を計っている」という点で、時給労働の発想と変わりません。

ここで私が皆さんにお伝えしたいのは、こうした奴隷発想とはまったく別物です。

「スケールする」とは、「自分が世の中にもたらすもの」を大きくすること。まさに自分という人間のスケールを拡大していく、といった意味合いです。

スケールするかどうかは職種によって変わるのではありません。自分自身が、その職種をどう捉えているかによって変わります。

たとえば、同じ不動産会社の営業でも、「基本給＋コミッションで稼げる仕事」と捉えていたらスケールしないでしょう。

もちろん、コミッション目当てで営業の腕を磨き、トップ営業になることはできるかもしれません。でも、給料の額で仕事を捉えている限りは、どれほど高みに上ったとしても、その程度まででしょう。これをスケールしたとは言いません。

一方、何か将来的にやりたいことがあって、それには不動産営業の経験が役立つから、という理由で不動産の仕事に就くのなら、まったく違う未来が開けてきます。

この場合、自分の目的は「コミッションを最大化するために営業トップになること」ではありません。

「将来的にやりたいことを成功させること」が自分の目的です。目の前の仕事に打ち込み、営業トップになるとしても、さらに「先」を見据えているということです。

つまり、自分のやりたいことで成功すれば、不動産業でトップ営業になる以上に大きなものを世の中にもたらせるようになる可能性がある。そうなれば、もちろん金銭的な価値がついてくるというのは、改めて言うまでもありません。

これが、「スケールする」ということです。

その仕事は、はたして自分が将来的に「世の中にもたらすもの」を大きくすることに寄与するかどうか——「スケールするか」というのが、これからの仕事選びには必要不可欠な視点です。

転職自体を目的にするな

転職すればキャリアアップできる？

私は必ずしも転職を推奨するスタンスではありません。

転職でより大きく飛躍できる人もいれば、今より停滞し、くすぶり続けてしまう人もいるからです。

結論からいえば、転職を「目的」とする人は、今より停滞し、くすぶり続けることが目に見えています。しかし転職を「手段の乗り換え」と考えている人ならば、さらなる飛躍が期待できるでしょう。

会社とは、「キャリアを通じて、自分がどうなっていきたいか」という人生の目的に近づくための手段です。そして**転職とは、「今の会社で働き続けるより、もっと将来像に近づける手段への乗り換え」**なのです。

この点でピンと来ないのならば、そもそもなぜ転職したいのか、その理由は自分のさらなる飛躍につながるものなのかどうか、よくよく考えてみる必要がありそうです。

ここでは、「転職したい」と思い立った人が陥りがちな勘違いパターンを、いくつか挙げておきましょう。

給料が上がれば、幸せになれる？

たとえば「今より給料がいい会社に転職したい」と思っている人は多いでしょう。

たしかに、世の中には想像を絶する激務でなおかつ、給料が低い会社もあります。そういう場合は、「とにかく今より激務ではなく、給料もいいところ」を目指すことにも、一定の合理性があると言えます。

しかし、それでも少し立ち止まって考えてみてほしいのは、**「給料アップだけを考えて仕事人生のネクストステップに進んでしまって、本当にいいのだろうか？」**ということです。

給料の額だけを見て転職した先で、「この仕事は自分に合わない」と気づいてしまったらどうするのでしょう。ほんの少しの給料アップと引き換えに、価値観と合わない仕事に耐え続けられるでしょうか。

一日の大半を働いて過ごすというのに、これでは人生が大きく損なわれることになってしまいます。

加えて、「給料アップすると思ったら、違った」というのも、よくあるケースです。期待していた残業代や諸手当がつかないなどで、最終的に手元に入ってくる額が、前職より低くなってしまった……という残念すぎる話は珍しくありません。給料アップだけを考えていると、こんな落とし穴にも気づきにくくなってしまいます。

もし自分が、今までしっかりと実力をつけてきたのなら、収入は勝手に上がっていくものです。今の会社でも昇給するでしょうし、転職を考えた場合も、企業のほうから、よりよい条件を示されるでしょう。

そういう意味で、「何をおいても給料アップ」と考えること自体、ナンセンスなのです。

「職場の人間関係が最悪」だから転職？

「転職して人間関係を一からやり直したい」というのも、よく挙がる転職の理由です。

今の職場で上司や同僚との関係がうまくいっていない。だから心機一転、新しいところで再スタートしたい。今度こそ良好な人間関係を築いて気持ちよく働きたい、というわけです。

ここで欠けているのは、「人間関係をうまくいかないようにしてしまったのは自分である」という自覚です。

つまり、今の職場で良好な人間関係を築けなかった人が、環境を変えたところで良好な人間関係を築けるだろうか？　おそらく似たようなことになるだろう、という話なのです。

環境を変えるよりも、自分の人間関係構築スキルを見直したほうがいいでしょう。

もちろん、ここでも「致し方ないケース」はあり得ます。

明らかなパワハラを受けた、セクハラを受けた、などの事態に陥った場合がそうです。環境を変えたほうがいい場合もある。ただし、**単に「今の人間関係から逃げ出したい」というだけでは、いい転職には結び付きません。**

いい転職をするには、どんな理由であれ「今の環境から逃げ出したい」という以上に、やはり「仕事を通じて、自分が今後、どうなっていきたいか」という目的意識が必要なのです。

スキルは、会社が与えてくれる？

会社とは、基本的に自分の能力を発揮する場所です。

新卒社員にとっては、会社はゼロからスキルを身につける場といえますが、経験を積むうちに、「どのような能力を使って、どんな成果をもたらせるのか」が問われるようになります。

転職においても同様です。むしろ転職市場でこそ、「どのような能力を使って、どんな成果をもたらせるのか」が強く問われるのです。

そう考えれば、「スキルが身につくから転職」という理由が、いかに的はずれかもわかるでしょう。

会社がスキルを与えてくれるのではありません。今まで培ったスキルを使って、あなたが会社に成果をもたらさなくてはいけない。あとでも詳しくお話ししますが、転職では、この点をいかに明確に示せるかが、明暗の分かれ目となります。

転職の正しい判断軸

転職には、「今あるものを失う」という側面もあります。

たとえば、今の会社での「将来」を失う。

会社の規模にもよりますが、早い場合は、20代半ば〜30歳くらいで役職に就きはじめます。

まず主任、次に係長、課長、部長、本部長……というように、一段一段、役職の階段を上がっていくのが会社員人生です。30代前後で転職を考えるというのは、つまりその階段から降りることを意味するわけです。

また、**転職によって「安心感」も失います。**

とくに30代前後は、ひととおり仕事を覚え、人間関係も構築され、社内事情にも通じ……と、もっとも安心して働ける状態です。そろそろ仕事ぶりにも脂が乗り、たいていのことは思い通りにハンドリングできる、という自信が身につくころでもあります。

その安心感が、転職によっていったんリセットされることになります。実力を買われて転職したとしても、環境が変わればまた新たに覚えるべきことを覚え、一から人間関係を築き、社内事情を探る、というところから始めなくてはいけません。

今挙げたのは、たくさんあるなかのほんの2つに過ぎません。

転職では、確実に失うものがある。とはいっても、私は失うものがあるから転職はやめたほうがいい、と言っているのではありません。

「失うもの」があれば、必ず「得るもの」があります。転職によって自分は何を得るのか。それは、「失うもの」を失ってもなお得たいものなのか。もっといえば、転職で得るべきものとは何なのか。

もうわかりますね。それは、「人生の目的」に近づくことです。

転職したら、今の会社での「将来性」や「安心感」をはじめ、いろいろなものを失うことになる。それでも、次の会社は、今の会社よりもいっそう人生の目的に近づく手段となりうるのか。転職を考えるのなら、この判断軸はやはり欠かせないのです。

第5章

絶対に後悔しない会社選びの新ルール

――イメージで入社すると損をする

会社と心中する人間は必要ない

会社なんて、単なる手段

「はじめに」でも述べたとおり、日本経済が順調に成長していた時代は遠い昔の話です。それは、今の若い人たちも十分にわかっていることでしょう。

企業側も、「我が社は右肩上がりだ」「うちに入れば生涯安泰だ」とは口が裂けても言えなくなっています。終身雇用は遠い昔の遺物と化しており、「この会社に骨を埋《うず》めます」などと言う人は、はじめから企業側も求めていません。

そんな時代に皆さんは、いったいどういう意識で働いたらいいのでしょうか。

もし転職するとしたら、どんな転職ならば人生をより充実させていけるでしょうか。会社と心中する人間は必要とされていません。皆さんも、もとより会社に人生を捧げるつもりなどないでしょう。

そのうえでまずたしかに言えるのは、会社を「手段」とする発想が必要、ということです。何の手段かというと、自分の「人生の目的」に近づく手段です。

こう言うと、会社を「踏み台」のように捉える利己的な発想だと感じる人もいるかもしれませんが、そんなことはありません。じつは企業側も、そういう人を求めているのです。

なぜなら、人生の目的がある人には熱意があるからです。目的に近づくために、モチベーション高く能動的に仕事に打ち込むからです。

つまり、人生の目的がある人はそれだけ成果を出しやすい。**企業側からすれば、手段にされようと踏み台にされようと、何かしら価値あるものをもたらしてくれたら、高い給料でも払う甲斐がある**というものでしょう。

またそうなると、よりよい待遇を求めて転職するまでもなく、今の会社でより高い給料やポストが用意される可能性も出てきます。

年功序列、終身雇用の時代は、「論功行賞」が基本でした。しかし、**今後は「この人を役職に就けたら、こういうメリットがある」と感じられる人を引き上げる企業が増えていくはずです。**

先の見えない今の時代において、過去の実績はほとんど意味をなしません。過去の手法がいつ通用しなくなるかわからないのだから、企業は「今までのこと」ではなく「これからのこと」を考えなくてはいけません。

そのなかで報酬やポストも、過去の実績に対する「ご褒美」としてではなく、未来の実績に対する「期待」として与えられるようになるのです。

「人材の空白」を狙え

これからは、みずからの目的のために働く人が活躍できる時代です。

こういう話は、よく「起業」や「独立・フリーランス」という文脈で聞くかもしれませんが、じつは会社員にこそ当てはまるものと言っていいでしょう。

コロナ禍によって、10年先はおろか、３年先すらも見えなくなっている現在、経営者たちは、今までにないほど切実に優秀な人材を確保すべく動いています。

私が就職活動をした20年ほど前の就職氷河期には、新卒採用数が大幅に絞られました。また現在、企業の要職を占めている50代、60代の社員は、あと数年～十数年で現役を退きます。これら２つの要因によって、この先多くの企業で確実に「人材の空白」が生じます。

経済が安定成長している時期であれば、対策は比較的簡単でした。新たな人材を大量に雇用し、そのうちの何割かが会社をひっぱる人物に育てばいい、という発想が成り立つからです。

しかしこれからの世界で経済の縮小は必至であり、３年先すら見えないという状況では、大量雇用は企業にとってリスクでしかありません。

仮に以前であれば２００人を雇う規模の企業なら、せいぜいその１割、つまりトップクラスの20人を厳選して迎え入れたいと考えるでしょう。今後、**企業は「確実に回収可能な投資」しかしなくなる**というわけです。

ひたすらマンパワーが求められていたころと違い、これからの労働市場は、どう考えても「入れ食い」状態の売り手市場にはなりえません。ただ、**自分なりのものさしで新しい価値をもたらせる人ならば、「人材の空白」にうまくハマり、いい仕事、いい収入、いいポストを難なく手に入れていける**はずです。

では実際のところ、企業から将来性を期待されるような人材が、はたして日本にどれくらい存在するでしょうか。おそらくそれほど多くはありません。

これは大きなチャンスと捉えるべきです。企業から期待されるような人材が少ないのなら、皆さんがそうなっていけばいいからです。

今からでもまったく遅くはありません。

揺らぐことのない自分軸を定め、会社を「手段」と考えてモチベーション高く、何よりも自分のために働く。そんな自分をつくることで、どんな場所で働くにせよ、大きな成功を手にする道が開かれるのです。

仕事の適性と性格は無関係

「こんな会社に入るはずじゃなかった」はなぜ起きるのか

転職するという大きな決断をしたものの、次の職選びで後悔する人も多いようです。その原因の1つは、職種に対するイメージと実態が大きくかけ離れているからでしょう。皆さんも、次ページの図のように実態と食い違ったイメージをお持ちではないでしょうか？

職種に対して転職者が抱きがちなイメージ

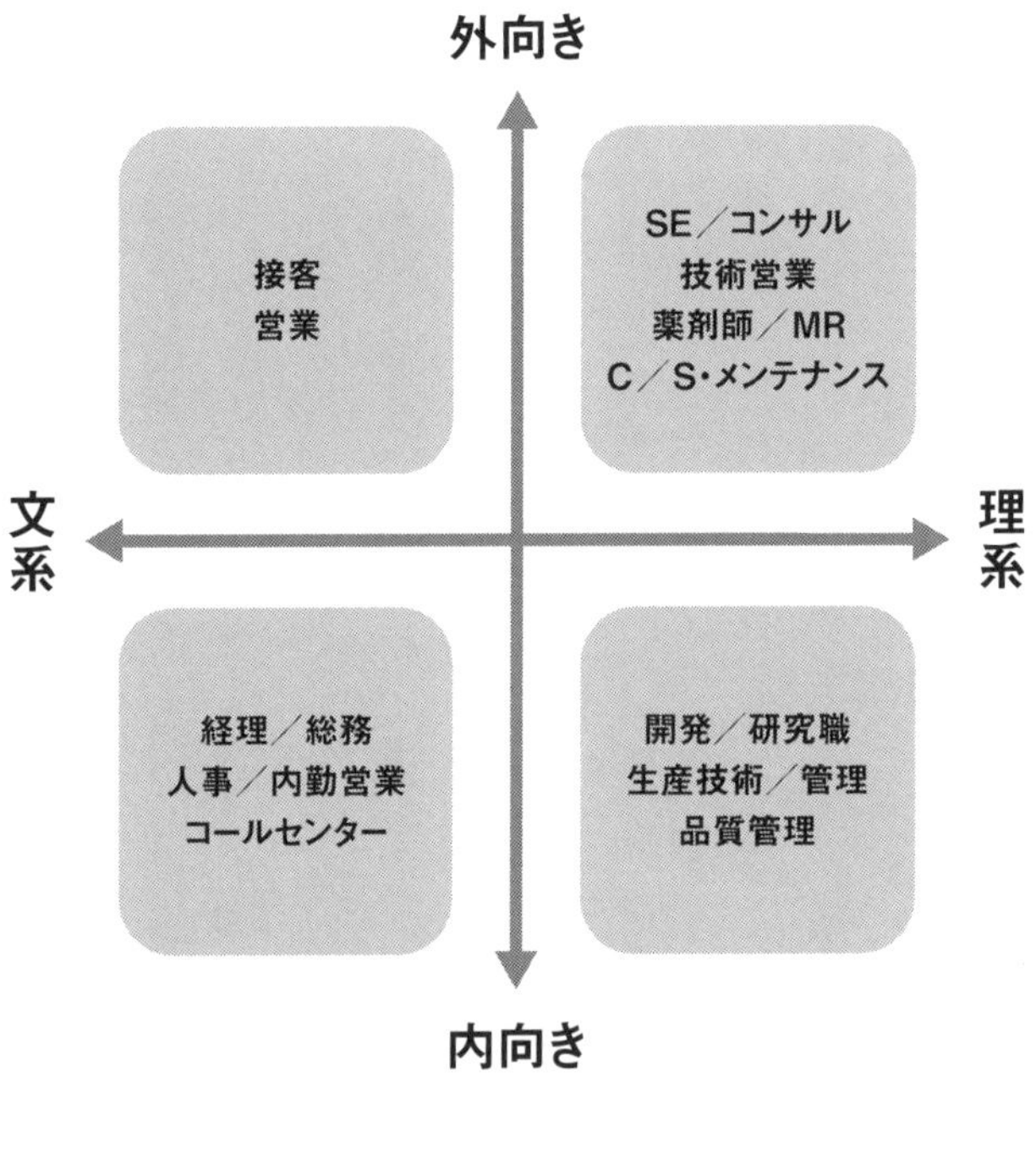

たとえば、営業職というと「セールストーク＝話すことに長けている人に向いている仕事」というイメージが強いようですが、実際は違います。

とくに単価が大きい商材を扱っている場合は、ただ闇雲にセールストークを繰り広げても成果は出ないでしょう。

本当にできる営業職は、相手の「潜在ニーズ」を引き出すことに長けています。相手の本心からニーズを引き出すだけ引き出しておいて、そこにベストマッチするものを提案する。つまり、**「人と話すスキル」より「人の話を聞くスキル」に長けている人のほうが営業職には向いている**のです。

現に、「面接でよくしゃべっていたような明るいキャラクターの人物ほど、成果が出にくい」というのは、営業の管理職の人からよく聞く話です。

さらに、勘違いしている人が多いようなので指摘しておきますが、**自分の「性格」と仕事の「スキル」には、ほとんど相関関係がありません。**

仕事に求められるのは「スキル」です。「話す」にしても「聞く」にしても、それが

「好き」というのは単なる「性格」であって、スキルの証明にはなりません。

つまり、「人と話すのが好きだから」「人の話を聞くのが好きだから」というのは、いずれにしても営業職を選ぶ理由にはならないということです。

たしかに、営業職の仕事は「聞く」ことがメインです。ただし、それで成功しようと思ったら「相手の潜在ニーズを引き出すスキル」を磨かなくてはいけません。

相手の話にしきりに相槌を打ちながらも、リアルタイムで相手から引き出した情報を整理しつつ、どうしたら相手の潜在ニーズをビジネスに結び付けられるかを導く。そんな冷静な思考力、判断力が必要です。

要するに、「聞く」といっても、性格的に「人の話を聞くことが好き」というレベルでは営業の仕事はなかなか務まりません。仕事は、性格で成果を挙げられるものではないのです。

一事が万事で、**性格的な特性から適職を見つけようとするのは賢明ではありません。**

この過ちをおかさないためには、勝手なイメージではなく、その仕事の本当の姿とは何かを知ることが重要です。

3つほど例を挙げます。すべての職種を網羅することはできませんが、これほどイメージと実態が異なりうるということを知り、適職を探る1つの手がかりとしてもらえればと思います。

Ⅰ　明るくて社交的だから営業職？

話し好きの社交的な人間が、営業に向いているとは必ずしもいえません。

先ほども少し説明したことですが、とくに高級商材を扱う場合、営業の主な仕事は「話すこと」ではなく「聞くこと」です。飛び込み営業何十件で勝負する安価な商材の営業職ならばまだしも、気合と根性で数をこなすという姿勢は求められていません。

営業職というと、鉄砲玉のように会社を飛び出して足で稼ぐというイメージがあると思いますが、それよりも入念に準備する胆力のほうが重要です。営業＝外回りというのはイメージだけで、デスクワークが9割と言ってもいいくらいなのです。

そして先ほども言ったように何より求められるのは相手の話を「聞く」こと。自分が話すのは、相手の本音を引き出すきっかけに過ぎません。

商材や顧客により活発なキャラクターは
営業に不適正

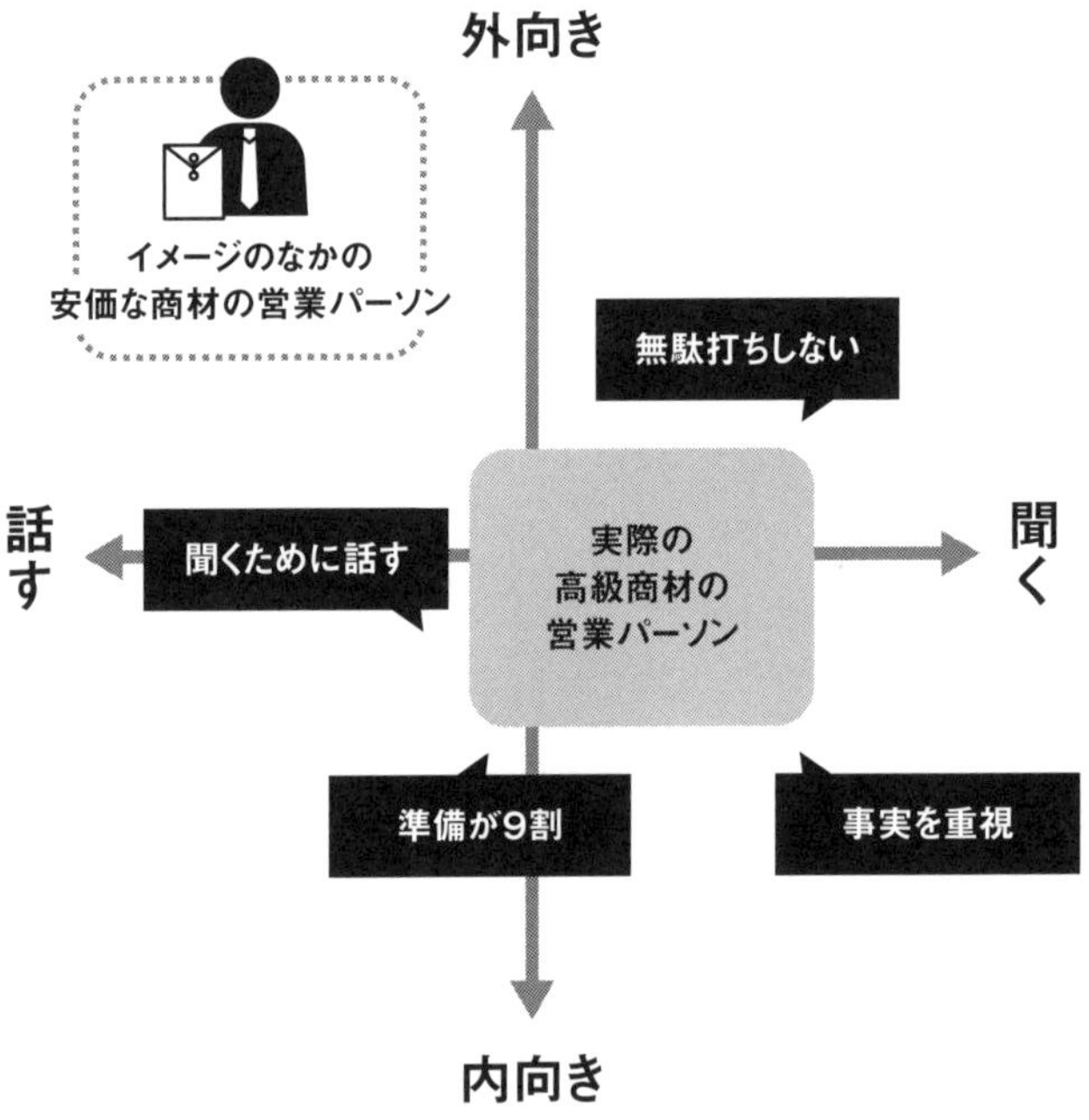

つまり前ページの図のように、**「外向き」で「話す」というイメージが強い営業職（とくに高級商材を扱う場合）は、むしろ「内向き」で「聞く」要素のほうが大きい。**

そんな、イメージとは正反対の実態があるというわけです。

Ⅱ　内向的だからコールセンター？

コールセンターのオペレーターは、インカムをつけて電話応対をするという職種です。電話で人と話すといっても、基本的にはマニュアルに従って応対すればいいから、コミュニケーション能力は必要ない。もちろん、足で稼ぐタイプの営業職と違って外回りもない、内向きの仕事というイメージが強いのではないでしょうか。

マニュアルさえあれば自分の頭で考えなくてもいいし、ノルマもない、内勤で「まったり」働くことができる比較的楽な職種、と思われているふしもあるようです。

ところが実態は159ページの図のように、今挙げたイメージとは正反対なのです。

たしかにマニュアルはありますが、マニュアルに載っていないケースが生じることはしょっちゅうです。そこでは臨機応変に対応しなくてはいけないため、**実際は相手の要望や、時にはクレームに寄り添いつつ解決策を探るという、コミュニケーション能力が必要とされます。**

実際、コールセンターのオペレーターは、呼吸するより多く言葉を発しているといってもいいほどです。外回りはない内勤仕事とはいえ、実質的にはまったく「内向き」の職種ではありません。

また、ノルマがないというのも大きな誤解です。営業職のような売上ノルマではありませんが、「応対件数」でシビアなノルマを課せられているのが大半の実態なのです。

もし「引っ込み思案だから」「対人仕事が苦手だから」といった理由でコールセンターのオペレーターを選んだら、勤務時間中ほぼずっと人と会話しなければならず、しかも数字に追われるというストレスに、早々に耐えられなくなるかもしれません。

対人関係が苦手で
コールセンターに入ると……

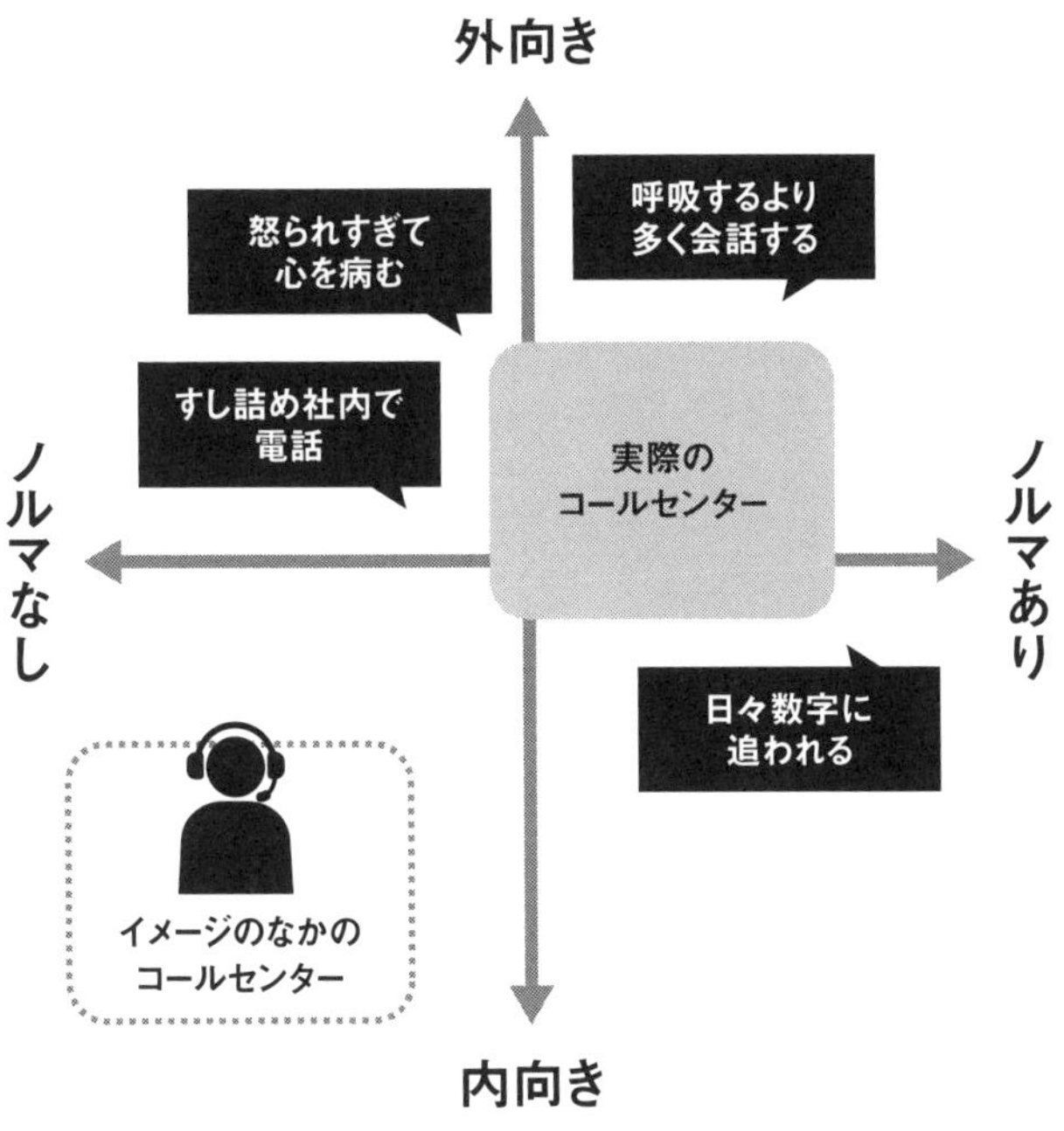

Ⅲ　分析力を生かしてコンサルタント？

高収入の場合も多いせいか、コンサルタントは近年人気が高まっている職種です。

ひとことで言えば、優れた分析力でクライアントの問題解決を担う職種ですから、「発想力のある人」「提案力がある人」、いわゆる「頭のいい人」が就く職業、というイメージが強いようです。

現に、高学歴者など頭脳に自信のある人がコンサルタントを目指す傾向もあります。

ところがいざコンサル会社に入ると、次ページの図のようにそんなイメージとはまったく違う現実が待っています。

まず、いくら自信があっても、**コンサルタントとして自分の頭脳を生かせるようになるのはだいぶ先のこと。しかも、かなり熾烈《しれつ》な競争を勝ち抜いた場合だけ**と心得ておいたほうがいいでしょう。

では、新人の間は何をするかというと、仕事の大部分は上司の補佐です。

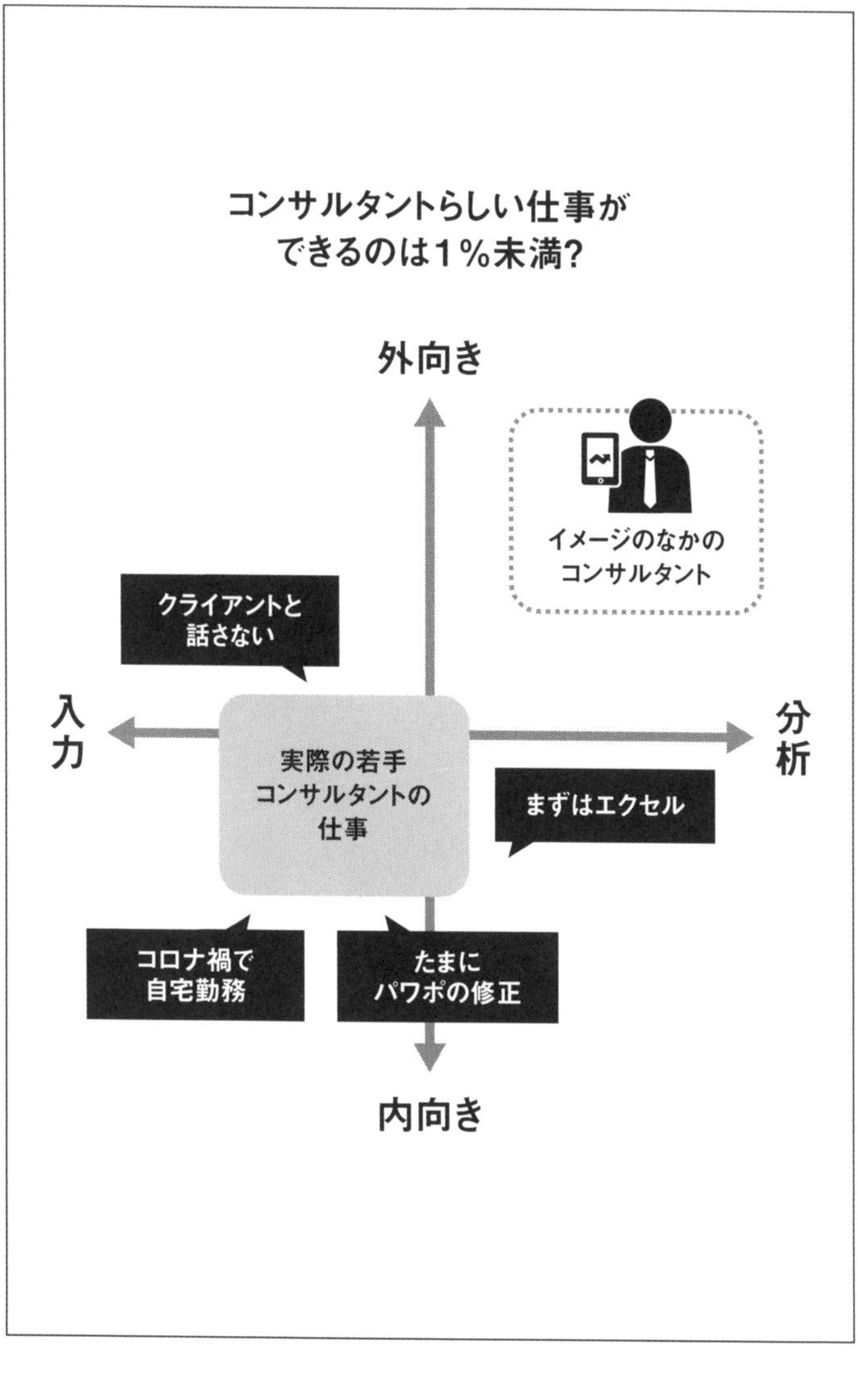

コンサルタントらしい仕事が
できるのは1％未満?
外向き
イメージのなかの
コンサルタント
クライアントと
話さない
入力
実際の若手
コンサルタントの
仕事
分析
まずはエクセル
コロナ禍で
自宅勤務
たまに
パワポの修正
内向き

最初はエクセルを使ったデータ入力、集計など、たまにパワーポイントを使ったプレゼン資料作成、修正などで最低でも5年ほどを費やすのが普通です。

これらの段階を経て、ようやく自分のクライアントをもつ「マネージング・ディレクター」クラスへの道が開かれます。エクセルやパワーポイントの作業は下の人たちに振って、自分はクライアントへの手紙をワードで作成する、という立場です（このように、使うアプリに従って地位および収入が上がっていくというのもコンサル会社の特徴です）。

ただし、**実際にこの地位につけるのは全体の1%にも及びません。**ある有力コンサル会社で言うと、2万人のうち150人が正真正銘の「コンサルタント」になれるかどうか、という確率なのです。

このように、コンサルタントの場合は、物事を「分析」し、クライアントと「話す」イメージとは裏腹に、99%の社員はひたすらエクセルやパワーポイントでの作業、つまり内向きのデスクワークに終始するという実態があります。

したがって、最初から「コンサルタントという完成形」しか見えていないのは、かなり危険と言わねばなりません。

コンサル会社で問われるのは、下働き的な仕事をきっちりこなしつつ、腐ることなく1％に入ることを目指せるかどうか。

この点を理解せずに、**「かっこいい」「頭脳を生かして華々しく活躍できる」といったイメージだけでコンサル会社を志望すると、痛い目を見ます。**もし採用されたとしても、入社後「こんなはずじゃなかったのに」と後悔する可能性が高いと言っていいでしょう。

Ⅳ　未経験からIT業界へ？

少し就活・転職系のサイトを閲覧しただけでも、アルゴリズムによって転職エージェントが流している職種別の求人情報も頻繁に表示されるようになります。

どれを見ても、職種の実態はほとんど表現されていません。人材（つまり登録者）を集めるために、キラキラしたイメージを振りまいているわけです。

しかし、イメージだけで職種を選ぶと、せっかく採用になっても「こんなはずじゃなかったのに」と思う羽目になるかもしれない。今挙げてきた例から、その危険性は垣間見てもらえたかと思います。

最後にもう1つ挙げておきたいのは、**「未経験可」という魅力的な謳い文句に潜む落とし穴です。**

たとえば「未経験可のIT企業」と聞くと、どんなイメージを連想するでしょうか。「未経験でもオン・ザ・ジョブ・トレーニング（OJT）で高度なプログラミング技術を身につけられる」というような恵まれた環境を、ついイメージしてしまう人が多いと思います。

ひととおり技術を身につけたら、将来はフリーランスか、はたまた起業か、なんてことまで夢見る人もいるでしょう。

しかし、「未経験可のIT企業」といっても、実際にはIT企業に正社員として採用されるわけではありません。まず派遣会社の社員になり、IT企業に派遣されて働く場合がほとんどなのです。

当然、**高度なプログラミング技術など身につけられるはずもなく、契約が切れるまで下働き的な仕事ばかり振られることになる。これが「未経験可のIT企業」の実態**

未経験でIT業界へ入ると……

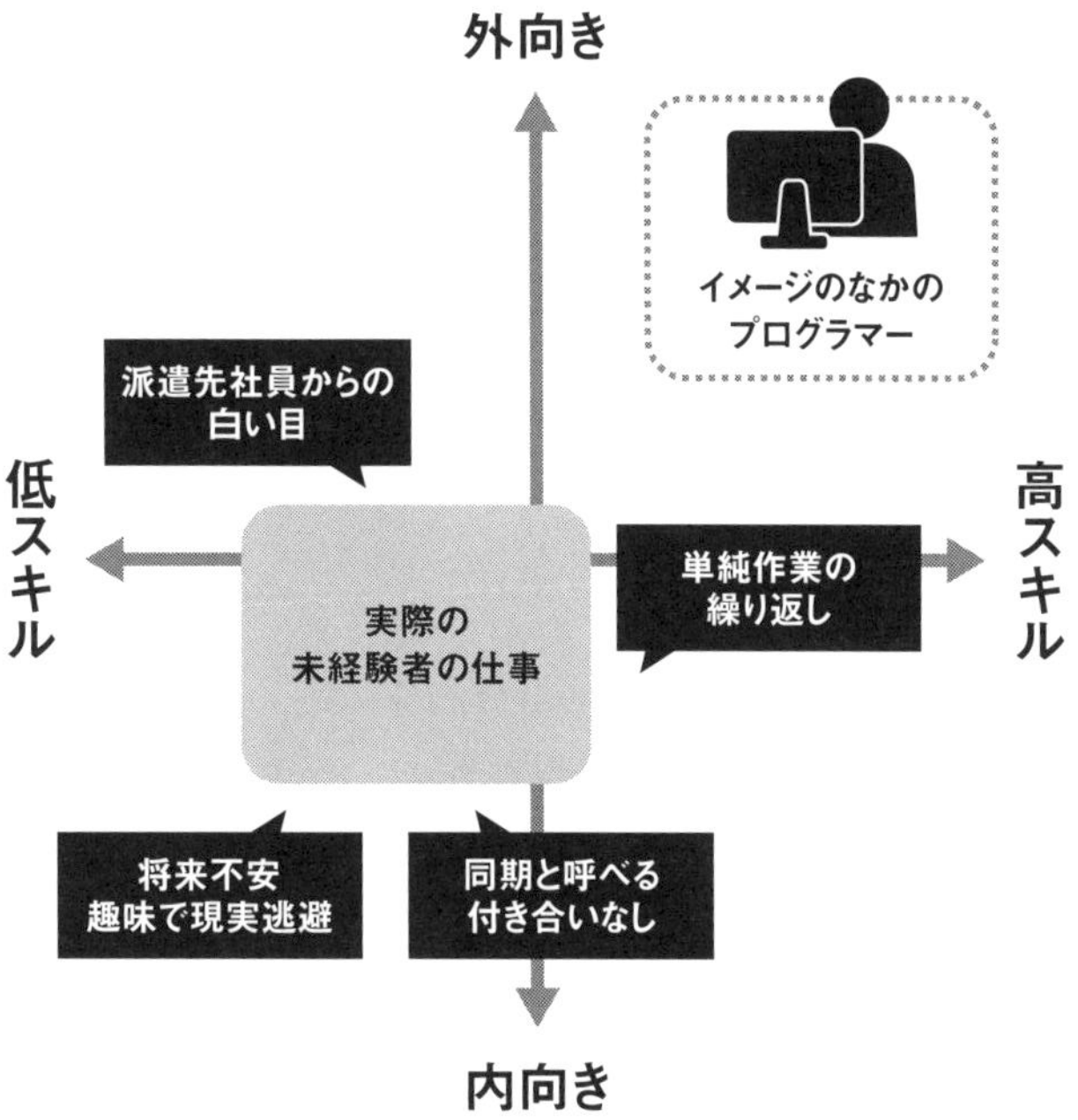

です。

では、こうした派遣社員に未来はあるのでしょうか。

以前ならば、勤勉で有能な派遣社員には正社員への道もありました。しかし、コロナ禍による経済危機に見舞われ、企業には、すでに派遣社員を正社員登用するどころか、派遣社員を抱える余裕すらありません。

あるいは、派遣仕事は派遣仕事と割り切り、これからの再起をかけて本当に役立つ資格の勉強をする、というのはどうでしょう。

考え方としてはありですが、実際にはなかなか難しいというのが現実です。派遣先の企業で単純作業ばかり振られ、会社の一員として尊重されることもなく毎日ヘトヘトになるまで働いているのに、入ってくるのは雀の涙ほどの給料だけ。こんな境遇で、資格の勉強に振り向ける気力を保てる人は稀でしょう。

非常に辛《つら》い話ですが、派遣社員の未来は今後、ますます暗いと言わざるを得ません。

そういうわけで私は、就活中の学生さんには決して派遣社員にはならないように指導しています。**転職を考えている皆さんも、くれぐれも「未知の職種で心機一転、まずは派遣社員から始めよう」とはくれぐれも考えないでください。**

皆さんのキャリアはすでに始まっており、方向性も定まっています。異業種に行くとしても、その方向性からは外れないようにすることが大切です。

本命企業には「直接応募」が鉄則

キーマンの目に留まらない応募はするな

「斜め上」の企業を目指せる人、「斜め下」の企業にしか行けない人。転職を希望する人は、大きくこの2種類に分かれます。

言い換えれば、転職によってスケールアップできる人と、転職によってスケールダウンしてしまう人に分かれるということです。

転職を、「今の会社から逃れるため」と考えているのなら、斜め下の転職になっても仕方ありません。今の会社で意欲をもって仕事に取り組んでいない人が、今よりいい会社から求められるはずがないからです。

へたに転職活動を始めるよりは、目の前のことに一生懸命取り組み「意欲をもって仕事をする」、そして「実力をつけ、成果を出す」という体験を積んだほうがいいでしょう。その先の選択肢のなかに転職があると考えてください。

一方、**自分をスケールアップできるような斜め上の転職を目指せるのは、すでに経験と実力を積み、今の会社を「狭くなってきた」と感じている人です。**

こういう人は、企業にとっては変化や新しい価値をもたらしてくれる希少な人材です。だからこそ、今より高待遇で迎え入れられる可能性が高い。いうなれば企業にとっても自分にとってもメリットがある「Ｗｉｎ－Ｗｉｎの転職」になるのです。

私の元には、「転職したい」という相談がたくさん寄せられます。そこでの所感として、斜め上の転職を目指せる人はせいぜい転職希望者の２割程度です。

さてあなたは、その２割に入る人でしょうか。

今の会社が不満でたまらず、逃げ出したいから転職したいのか。

それとも、今の会社で意欲高く仕事に取り組んできたけれども、もっと大きな環境で挑戦してみたくなったから転職したいのか。

転職によって道を踏み外さないために、改めて冷静に考えてみてください。

転職はゴールではありません。さらなる飛躍のためのスタート地点に立つということです。

したがって、転職の「その先」まで思い描いておかなくてはいけません。**長い目で人生を考えてみたときに「今、転職か否か」という選択がどういう意味をもつのかと考えてみることが重要**です。

情報からは、応募者が見えない

今までのキャリアを踏まえ、転職の「その先」を思い描くと、次に行きたい企業も明確に見えてくるでしょう。

「今まで何をどれだけやってきたか」が棚卸しできていれば、「これから何をどれだけもたらせるのか」という展望もわかる。すると自然に、どんな企業に行くべきなのかもわかる、というわけです。

ここまで明確になれば、応募方法も違ってきます。

121ページで、転職エージェントは皆さんの味方ではないとお話ししました。端的に言えば、彼らは単に自分たちのノルマを達成するために「条件面で採用されそうな企業」をあてがっているだけだから、という話でしたね。

そもそも転職エージェントに登録した情報という限られた材料から、本当に自分が行くべき会社が見つかるはずがない、ということも前に指摘したとおりです。

「今までの棚卸し」と「これからの展望」ができているのなら、そんな安易で的はずれな道を選ぶ必要はまったくありません。行きたい企業に「直接応募」すればいいのです。

なぜ、「直接応募」がいいのか。理由はきわめて単純です。

まず、転職エージェントを使って応募してくる人が多いなか、直接門を叩きに来たというだけでも、並々ならぬ熱意を示すことができます。

そして何よりも、**「直接応募」ならば、転職エージェントの登録情報などでは表現できない自分の「強み」を、自分の言葉で採用決定者に「直接伝えることができる」**。

これが直接応募のもっとも大きなメリットなのです。

たとえば、営業職の強みは、「取引の数」か「取引のサイズ」かに大別できます。

かつてIT企業の営業職だった私は、取引の「数」ではなく圧倒的に取引の「サイズ」で勝負する人間でした。少～中くらいの額の契約をたくさん取るよりも、ドカンと高額な取引を1つ決めるほうが得意だったのです。

ただし最初から、そんな自分の強みに気づいていたわけではありません。

私が営業職に就いた当初は、多くの人がそうするように「数」を追い求めようとしました。

しかしあるときから、数を追いかけるのをやめました。契約の「数」は伸びないけれど、大企業の役員クラスの人物に熱く語り、大口の契約を取ることなら思ったとおりにできるとわかってきたからです。

つまり私には、いろんな人にまめにコンタクトを取るなどして小口契約を積み重ねるというやり方は向かない。

一対一で向き合い、ドカンと大きな話を決めるほうが向いているとわかった時点で、

「数よりサイズで勝負する」という私なりの仕事のスタイル・強みが確立されたのです。

私は、自分に営業職が務まるとは正直、思っていませんでした。

しかし、仕事のスタイルが確立し強みを自覚できたことが、大きな自信につながったことは言うまでもありません。「このスタイルならどんな大物も落とせる、落としてやる」というモチベーションの源泉にもなりました。

このように、自分はどういうスタイルで成果を出してきたかという「強み」は、直《じか》に訴えかけなくては相手に伝わりません。

受けるのは、転職するか否か熟考を重ねたうえでようやく見つけた「次に人生をかけたい企業」です。そんな相手に自分の熱意と強みを存分に伝え、採用を手繰《たぐ》りよせる。直接応募することが、その第一の突破口となるでしょう。

人事決定者が見ているのはただ一点

先ほど「数」か「サイズ」か、という営業職の例を出しましたが、これはどちらのほうが優れているか、という話ではありません。

仮に同じ年間1億の売上だとして100万円の小口契約を100件取るか、5000万円の大口契約を2件取るか、という「内訳」の問題です。

重要なのは「数で勝負」か「サイズで勝負」か、自分はどちらのタイプなのかを知っておくことです。なぜならその点をしっかりと自覚していれば、面接でも自分の「活躍イメージ」をはっきりと示せるからです。

採用者が知りたいのは、目の前にいる志望者がいったい自社にどんなメリットをどんなかたちでもたらしてくれるのか、この一点だけです。

そしてそれは、採用者が皆さんの経験や実績から勝手にイメージしてくれるものではありません。自分から「私は御社で、こんなメリットを、こんなかたちでもたらすことができます」とアピールできなくてはいけないのです。

「今まで何をどれだけやってきたか」と「これから何をどれだけもたらせるか」が見えていれば、自分の活躍イメージも自信をもって示すことができます。

これで合否が決まってしまうと言っても過言ではないくらい、自分の棚卸し作業は重要というわけです。

3つの「なぜ」と、1つの「何」を言語化せよ

スキルや実力ではなく、「いかに語るか」

皆さんのなかには、今の会社ですでに一定の成果を挙げており、実績面では自信がある人もいるかもしれません。

前章で紹介した「何をどれだけ」の棚卸しも難なくできた……といったところで、はたして転職も楽勝かというと違います。実績だけで選ばれると思ったら大間違い、ということもここで改めて頭に刻んでおいてください。

117ページで、目に見える数字などの「定量評価」よりも目には見えない人柄、意

欲、将来性といった「定性評価」のほうが、重要な採用基準であるということはお話ししました。

では実際、どんなことを答えられるようになっておけば、採用者の心の針を動かすことができるのか、ここで3つのポイントに分けてお話ししておきましょう。

1つめのポイントは、「転職の動機」を言語化すること。すなわち「なぜ、今の会社を辞めたいのか」です。

面接の想定質問としてもっともスタンダードなところなので、すでに思い描いている人も多いでしょう。

合否の分かれ目を示しておくと、「経験と実績を積み、もっと大きな環境を目指したくなった」という積極的な動機を、「自分の言葉」で具体的に説明できることが鍵です。

他方で、「今の会社を悪く言う人」は、ほぼ間違いなく落とされます。

「今の会社が不満だから」という消極的な動機で転職を考えている人は、次の会社でもきっと同じように必要な努力もせずに不満を抱くでしょう。

採用者も伊達に何十件、何百件もの面接をこなしてきたわけではありません。たとえ一定の実績があろうと、消極的な動機で会社を移ろうとしている人はどこに行っても大して伸びない。そんなことはお見通しなのです。

これはかなり初歩的な話として念のため紹介しました。本当に重要なのは、残る2つめと3つめのポイントです。

面接では、ストーリーを話せ

2つめのポイントは、「実績にまつわるストーリー」を言語化することです。

「数字以上に実績を物語るものはない」「あえて言葉で説明する必要がないことこそ、数字の強みだ」と考えているとしたら、かなり安直です。その考えでは、あなた自身が本当に伝えられることや、伝えるべきことの半分も伝わらず、相手の心の針を動かすこともできません。

実績にまつわる「ストーリー」を言語化するというのは、「なぜ、その実績は自分でなくてはいけなかったのか」という理由づけをするということです。

今までの自分の仕事ぶりを振り返ってみてください。

もっとも自分の印象に残っている実績は何でしょうか。

たとえば、「難攻不落で知られた企業経営者を口説き落とし、契約を勝ち取った」のなら、なぜそれは自分にしか成し得なかったのでしょうか。

「何度見直してもミスが生じる製造ラインを改善した」のなら、なぜそれは自分にしか成し得なかったのでしょうか。

この理由づけができれば、その結果として得られた実績そのものは決して大きな数字である必要はありません。

なぜなら、**「なぜ、自分でなくてはいけなかったのか」という話はあなた自身のユニークネス、いわば代替不可能な「唯一無二」性を明らかにするもの**であり、採用者にとってはそれこそが、実績の数字の大小よりも重要な情報だからです。

第1章と第2章で「自分のスキル・強み」の棚卸しの話をしました。面接ではこれまで棚卸ししてきたことを言語化して、しっかりと伝えることができるか否かが問われます。

前に、「転職エージェントは、味方ではない」というところで、ほんの数行でまとめられた情報には価値がないとお話ししました。

「なぜ、その実績は自分でなくてはいけなかったのか」という理由づけは、とうてい数行で語れるものではありません。その重みを知った今ならば、いかに数行の経歴や自己PRが無意味か、より深く納得できるのではないでしょうか。

「にじみ出るもの」が採用の決め手になる

そして**3つめのポイントは、「自分の意欲」を言語化することです。**

新卒採用と違って「スキルの証明」が必要になるのが転職です。しかし、スキルの証明としての実績だけでは、「なるほど、たしかにご立派な実績ですね。で……？」で終わってしまうでしょう。

この「で……？」の部分で採用者が知りたいことこそ、あなたの「意欲」です。

そして、ここで言う**「意欲」を構成するのは「理由」と「展望」です。**「で、あなたは、〝なぜ我が社に入りたい〟のですか？　その実績を可能にしたスキルをもって、〝いずれ我が社で何をしたい〟のですか？」というわけです。

そこが明示されないと、採用者としては、その人を採用することが自社にとってどのようなメリットにつながるのかがわかりません。これではどれほど大きな実績の持ち主であろうとも、採用する意味を見出せないのです。

転職すると決めたあなたは、さまざまな企業を品定めしてその企業を選び、面接の場にたどり着きました。その場では、あなたは改めて会社を「品定めする側」であると同時に、採用者から「品定めされる側」でもあります。

採用者が面接を通して、その企業であなたが活躍できる展望を描いてくれるのではありません。

自分から、「私を採用したら、こんなにいいことがある」とプレゼンしなくてはいけない。それには「その会社に入りたいのはなぜなのか。採用となったらその会社に何をもたらしたいのか」という意欲を、きちんと言葉で説明する必要があるのです。

私もＩＴ企業の役員として数えきれないほどの採用にも携わりましたが、意欲が見られない人は実績の大小にかかわらず落としてきました。逆に、**実績の大きさでは多少ほかの志望者より劣っていても、意欲がはっきりと見えた人は高待遇で迎えるようにしていました。**

合否を最終的に分けるのは、実績の大きさでも経験の長さでもなく、その人の「顔つき」です。

そして**「なぜ、我が社なのか」「我が社に何をもたらそうとしているのか」がはっきりしている人は、必ず「いい顔つき」をしている。**目の奥からキラリと訴えかけてくる意欲によって、採用者の心の針を動かすことができます。

つまり、採用者の心の針を動かすには、

- 転職の動機――「なぜ、今の会社を辞めるのか？」
- 実績にまつわるストーリー――「なぜ、自分でなくてはいけなかったのか？」
- 自分の意欲（理由と展望）――「なぜ、この会社に入りたいのか？」と「この会社に何をもたらしたいのか？」

という3点を明確に示すこと。**３つの「なぜ」と１つの「何」を言語化する**ことです。

面接官に聞かれることは当然企業によって異なりますが、これらがしっかりと自分のなかで腹落ちし言語化できていれば、ここぞという重要な質問で魅力的な受け答えができるはずです。これで、採用者に「この人には何かがある」と直感させることができるでしょう。

自分を「1行」で表せ

「自分の物語」を紡ぎ出せ

自分の活躍イメージを伝わりやすくするために、「自分のキャッチコピー」も考えておくといいでしょう。

たとえば、営業職なら、中小企業の部長クラスに人脈の網をはりめぐらせ、小口契約を多く取るのが得意な人（「数」で勝負の人）は、釣りでいえば「地引網タイプ」といえます。一方、大企業の役員クラスと太いパイプを築いており、少数の大口契約で年間ノルマを達成するのが得意な人（「サイズ」で勝負の人）は、「マグロの一本釣りタイプ」

と言っていいでしょう。

あなたはどんなタイプの人でしょうか？　職種によって、いろいろと考えられるはずです。

企画開発職なら売れ線の企画を確実に練り上げる「職人タイプ」、斬新な企画によってみずからトレンドを生み出す「アーティストタイプ」といったキャッチコピーになるかもしれません。

もちろん172ページで挙げた「契約の『数』か『サイズ』か」の例と同様に、「職人タイプ」か「アーティストタイプ」か、というのも優劣の話ではありません。**自分はどんなかたちで活躍できるかというイメージを、まず自分が把握**しておこうということです。

キャッチコピーは、「今まで何をどれだけやってきたか」の棚卸しによって見えてきます。

人事部や現場の部課長の選考の後に控えるのは、採用決定権をもつ役員による面接です。相手方の会社では、前段階の面接担当者から役員に対し、あなたがどんな人であるかをフィードバックします。部下から「彼はひとことで言うとマグロの一本釣りタイプなんです」などと、その理由も踏まえて事前に説明があるでしょう。そして役員は、部下が採用したい「マグロの一本釣り」タイプかどうかを確認する前提で面接に臨みます。

これがどういうことかわかりますか？

あなたが魅力的なキャッチコピーを伝えれば、その内容に基づく「評判」の前提をもって役員面接が行われるように誘導することができる。つまり、圧倒的に有利な自分の土俵で役員面接を推し進めることができるのです。

自分をキャッチコピー化することで、面接する役員もあなたの活躍イメージがより鮮明になります。あなたの土俵で熱意を示せれば、採用にグッと近づくことでしょう。

自分がいないところで、自分の「評判」をいかにうまく独り歩きさせるか。キャッチフレーズを強烈に印象付けることで、あなた自身の「評判」さえもコントロールすることができるのです。

なお、自分のキャッチコピーを考える過程では、あることが浮かび上がってきます。

それは、自分の「物語」です。たとえば次のように。

「社歴5年となる私の総売上は7・5億円です。5年間のノルマの合計は5億円なので達成率150％ですが、決めた契約の数は、じつは10件に過ぎません。大企業の役員クラスと太いパイプを築いており5000万〜億単位の契約を決めてきました。そんな、いわば『マグロの一本釣り』的な決め方が私の営業スタイルです」

つまり、「今まで何をどれだけやってきたか」という自分のキャリアにまつわるストーリーが鮮明に浮かび上がってくるのです。**採用者からするとこのストーリーは、まさに「自社で何をどれだけもたらしてくれるのか」という活躍イメージそのものです。**

「会社が求める人材像」に合わせてはいけない

志望者は往々にして、企業が求める人材イメージに自分を合わせようとしがちです。よく「御社に求められる人材とは、どのようなものでしょうか」といった質問が飛び出すのもそのせいでしょう。

どうしても行きたい企業であればなおさら、その企業で求められる人材像に合わせたい、「私は、御社の求める人材像に合致します」とアピールしたい、その発想もわからないではありません。

そういう発想があると、今お話ししてきたように自分の活躍イメージを自分から表現するのは賢明ではないように思えるでしょう。

「私は『マグロの一本釣りタイプ』です」とアピールしたところで、「我が社が求めているのは『地引網タイプ』の営業職だ」と言われたら、あっさり落とされてしまう……と心配になったかもしれません。

しかし、これは次の2つの点から無用な心配といえます。

まず1点目。**仮に自分からアピールした活躍イメージが企業側の求める人材像と合致せずに落とされたとしても、それは双方にとっていい結果**といえます。

本当は「マグロの一本釣り」が得意な人が企業の求めに応じて「地引網」でがんばろうとしても、自分の強みを生かせず、もちろん活躍もできません。企業としても「これでは話が違う」となって当然でしょう。

その企業は、外から見た限りでは「次に人生をかけたい企業」だったかもしれません。でも蓋を開けてみれば、「自分が活躍できる企業」ではなかったということです。ならば気持ちを切り替えて、「自分が活躍できる企業」を探し当てたほうが自分の可能性を押し広げることができますし、ずっと幸せでしょう。

そして2点目。こちらのほうが本質的かつ重要です。

そもそも「企業が求める人材像」と「自分がアピールする活躍イメージ」のミスマッチは、あまり起こりません。「もたらしてくれるものがあるのなら、どのようなタイプであろうと問わない」というのが企業の本音だからです。

先ほど、「数」か「サイズ」か、という例を出しましたが、まともな会社なら主に中小企業を担当する部署（「数」で勝負する部署）と、主に大企業を担当する部署（「サイズ」で勝負する部署）が両方ともあるものです。

ですから企業側としては、「数」で勝負する「地引網タイプ」であろうと、「サイズ」で勝負する「マグロの一本釣りタイプ」であろうと、年間の売上ノルマを達成できそうな人材なら喜んで迎え入れたいに決まっています。

同様にほかの職種、たとえば企画職でも、「職人タイプ」だろうと「アーティストタイプ」だろうと、「売れる企画」を出してくれそうな人材ならば採用するのが当然です。

つまり、**どのようなタイプの人物でも「成果を出せる将来性」を直感させることができれば、その企業内に必ずフィットする場所がある**ということです。

だから、自分の活躍イメージを明確に示すことが、採用の最大の決め手となるのです。

逆に自分の活躍イメージが明確でない人は、役員クラスにとって「直に会って話してみる理由と価値が見出せない、よくわからない人」に過ぎません。人事部や現場の選考は何とか通過できても、役員面接であっけなく落とされる結果に終わるでしょう。

第6章

これからの時代のキャリア戦略

――どこでも評価される人の「勘違いさせる力」

会社から退場させられるYESマン

左脳で整理して、右脳でぶっ壊せ

かつて日本社会で「有能」とされていた人材は「上司などから言われたことをしっかり理解して、行動に移せる人」でした。

これは言ってみれば「左脳的な頭の使い方」がうまい人ですが、そんな「できる人」像はすでに過去のもの。皆さんも、すでにそれは感じ取っていると思います。

今後求められるのは、左脳よりも「右脳的な頭の使い方」ができる人です。

本書の「はじめに」で、これからは「自分の強みに気づき、何かしらのアウトプットにつなげられる人」が企業に求められるとお話ししました。そういうことができるのは、まさに「右脳的な頭の使い方」がうまい人なのです。

ただし、左脳的な思考が不要になるということではありません。

私はよく、個別の就活・転職カウンセリングの際などに「左脳で整理して、右脳でぶっ壊せ」と話します。

相手に言われたことの文脈を整理する、置かれた状況を整理する。ここまでは左脳的な頭の仕事。すべての仕事のベースとなる領域です。

そのうえで**「右脳でぶっ壊す」というのは、左脳によって整理された文脈や状況を超えて、今までにない創造的なアイデアを生み出すということです。**

こういう頭の使い方ができなくては、新しい価値、変化をもたらすことはできないでしょう。左脳にプラスして、右脳も働かせられるようになってこそ、これからの「求められる人材」になれるのです。

「強み」はスキル以外にこそ表れる

仕事で成果を出していくにはもちろんスキルが必要です。転職を希望するのなら、目に見える実績を示し「私にはこういうスキルがあります」ということを証明しなくてはいけません。

しかし実際は、スキルさえあれば仕事がうまくいくというわけではありません。仕事はあくまでも「人対人」によって進められていくもの。**いくら仕事のスキルがあっても、人から好かれる「ソーシャル・スキル」がなくては大きな成果には結び付きません。**

転職においても、履歴書等での経歴のチェックの後には必ず面接があります。たとえ「立派な数字的実績」があり、経歴上では高評価を獲得できても、いざ「人」として相対したときに「見るべきものがない」と思われたら、選ばれる人材とはならないでしょう。

こう言うと言語的なコミュニケーション能力の話かと思われそうですが、それとも少し違います。

質問と応答がきちんと対応していること、自分の考えをロジカルに話せることなどは基本中の基本です。その能力を身につけるために、ロジカル・シンキングなどを学ぶことは必要です。

ただしそこで培われる言語的なコミュニケーション能力も、言ってしまえば「あって当然のスキル」の1つに過ぎません。ここで私が伝えたいのは**そういう言語的な能力を超えた「非言語コミュニケーション」の話、やはり右脳的な領域のことなのです。**

評価者の「心の針」を動かせ

たとえば仕事で似通った「評価」ならば、より「評判」のいい人のほうが引き上げられます。あるいは転職で似たりよったりの「得点」ならば、より「徳」が高そうな人のほうが採用されます。

このように、求められる人材像は大きく「右脳的なもの」にシフトしつつあるにもかかわらず、よくあるキャリア戦略のノウハウ本はいまだに左脳的な領域にまつわる話ばかり語られているように見えます。

どこの大学卒か。どんな実績があるのか。今の会社では役職に就いているか。こうした、人事担当者が注目するような「目に見える指標」「定量的な評価基準」は左脳的といえます。

たしかに「誰が見ても変わらない」という点では、わかりやすく公平な指標ではありますが、今後このような「人事担当者目線の採用基準」は無力化していくでしょう。

今のような変化の時代には、新しい価値、変化をもたらせる人間が求められます。採用においても、目に見える左脳的な指標では測りきれない右脳的な領域が重視されていくことは間違いありません。

「評判」も「徳」も、数値化することはできません。言葉で「私は評判がいい」「徳がある」と説明するのも難しいでしょう。**これらは、あなた自身の言葉や態度の端々からにじみ出て、相手の心に直に訴えかけるものです。**

「これ」と決めたら必ず成し遂げてくれそうな熱意、人に気に入られ、かわいがられそうな雰囲気、誰の懐にも物怖《ものお》じせずに飛び込んでいけそうな肝の据わり方、目上からは信頼され、目下からは慕われそうな物腰――。

こうした数字でも言葉でも表現できない「何か」を相手に感じさせる人こそが、どんな場所でも必ず評価される人材なのです。

先に述べた「左脳的な採用基準」が人事担当者のものである一方、「右脳的な採用基準」は部門長や役員、社長などの役員クラスのものです。会社で上に行けば行くほど、実績よりも「あなた自身」を見て判断するようになるからです。

「こいつには何かがある」「我が社に変化をもたらしてくれそうだ」、そんなふうに上層部の人間に思わせる人、誤解を恐れずに言えば「勘違いさせる力」によって「相手の心の針」を動かせる人が、最終的にはうまくいくのです。

激変する転職後進国・日本

ダメ社員の巣窟だった日本企業

ひと昔前と比べれば、ここ十数年ほどで日本でもかなり転職志向が広まりました。それでも欧米よりは、まだまだ転職しやすいとは言えない「転職後進国」といえます。

なぜ日本では転職しにくいのかというと、最大の理由は厳重な解雇規制です。この規制によって日本の労働者（正社員）は守られていますが、雇用主である企業にとっては「社員を解雇しにくい」という縛りにほかなりません。

解雇しにくいというのは、人材の流動性が低いということです。

社員がみずから辞めることを選択しない限り、その人が就いているポストは空かず、したがって求人も生じない。こうした「人材の固定化」があらゆる日本企業で常態化しているため、必然的に転職希望者はチャンスが少なくなってしまうわけです。

その点、欧米ではまったく様相が異なります。

とくにアメリカのテレビドラマで、「お前はクビだ！」と宣告された登場人物が、即刻荷物をまとめて会社を出ていく……なんていうシーンを見たことがあるでしょう。あれは決して大げさな描写ではありません。

アメリカの企業では、自社にふさわしくないと見なされた社員は容赦なく解雇され、新しい人材に取って代わられます。経営者とて安泰ではなく、つねに株主たちによって更迭《こうてつ》される可能性と隣り合わせです。

日本企業に勤めている身からすると、かなり冷徹な世界に思えるかもしれません。

しかし、何事にも二面性があります。

企業が社員を解雇しやすいという一面を見れば恐ろしい話ですが、もう一面にはポストが空きやすいという現実があります。

つまり、社員の解雇と新規採用が盛んということは、人材流動性が高く転職希望者にとってチャンスが多い。社員の解雇と新規採用が盛んでなければ、人材流動性は低くなり、転職希望者にとってはチャンスが少なくなる。

そういう意味で私は、社員を解雇しにくいために人材が固定化しやすい日本を「転職後進国」と呼んでいるのです。

求められているのは、単なるマンパワーではない

しかし昨今、そんな日本にも変化の兆しが見えはじめました。

旧態依然とした体質を変えなくては、この先国際社会で生き残っていけない。そのために、今までとはまったく違う視点から人材登用を行わなくては——そんな危機感と焦燥感を強く抱く日本企業が増えているのです。

依然として法的には社員を解雇しにくいようになっていますが、そんななかでも今後の生き残りをかけ、企業のほうが変化を求めはじめているということです。

たとえば、今までのお決まりの採用試験を一部撤廃し、面接で志望者個人のモチベーションやビジョンを問う企業が増えています。これは、「今までにない人材を迎えたい」という意志の1つの表れです。

そこへ加えてこのたびのコロナ禍です。

企業の存続のため「改革待ったなし」という状況で、新たな価値を提供できる人、変化をもたらせる人、今まで気づかなかったことに気づかせてくれる人に対するニーズはいっそう高まっていくでしょう。

かつて学歴が重視された時代もありました。しかし、**人の能力や可能性を測るうえで「どの大学を卒業したか」など大して役立たないということは、すでに自明の理**となってきています。

現に大卒でない人が起業し、大きな成功を収めた例には事欠きません。

こう言うと、「独創的なアイデアのある人は学歴で勝負しなくてもいいだけだ」「会社員として働くのならやはり学歴が問われる」と思われそうですが、そんなことはありません。学歴を重んじない風潮は、すでに企業文化にも影響を及ぼしつつあるのです。

人手よりユニークネスの時代

今までにも、労働市場が「売り手市場」になったことはありました。しかし今起こりはじめている変化は、少し前の売り手市場とはまったく性質が異なっているはずです。過去の売り手市場は、単に人手が足りないことで生じたものでした。

たとえば人材エージェントに登録すると、ある程度条件がフィットする会社を紹介され、即採用。求職者は引く手あまたの「入れ食い」状態でした。高度な知的労働は別として、少なくとも単純労働の類ならば誰でも、職に就ける時代だったのです。

一方、今後日本の労働市場に起こっていく変化は、このような売り手市場への変化ではありません。

なぜなら、**求められはじめているのは単なるマンパワーではない**からです。

端的に言えば、「人手」ではなく「一生懸命、自分なりに考えることのできる人」。「与えられた仕事をこなすだけの人」ではなく、「今までは会社で『是』とされてこなかった新しい価値観をもたらす人」が求められていくということは、すでに繰り返し指摘してきたとおりです。

こうした変化は、「日本史上初」と言っても過言ではありません。戦後の経済復興、高度経済成長、バブル経済と崩壊といった変遷のなかで、日本企業はどんどん柔軟性を失ってきました。

過去の成功体験にこだわるベテラン社員が上層部を占め、意欲ある若手社員が新しい提案をしても握りつぶされてきた。その結果が現在の日本の姿です。元気な日本企業もありますが、いわゆる老舗企業ほど旧態依然とした体質から抜け出せていません。

このまま行くとお先真っ暗――という状況に至って、ようやく企業経営者たちが新しい価値や変化をもたらす人材を求めはじめているというのが、今の流れなのです。

したがって、**転職活動においても「仕事をください」ではなく「私には、こんなことができます」というユニークネスを自分から伝えていく姿勢が必要になります。**

新型コロナウイルスは、まぎれもなく禍《わざわい》です。世界中で膨大な被害者を生み、日本でも死者が出ていることを思うと、できることなら全人類が体験したくなかったものです。

また企業が、新型コロナウイルスによってもたらされた不況に対する安全策をとり雇い止めをすることを考えると、今すぐに転職活動に入るのは賢明とはいえません。日本の正社員は法的に守られやすいという点を利用して、しばらくは、今いる会社にとどまったほうがいいでしょう。

しかしこの禍によって、ある種、ショック療法的に起こっていくこのような変化は、奇《く》しくも悪いものばかりとは限りません。**さまざまな可能性にあふれ、能動的にキャリアを考えられる人にとっては、むしろ日本社会はいい方向へ舵を切っている**といえます。

長らく転職後進国だった日本もようやく変わりつつあるという流れに、皆さんは大いに乗っていけばいいと思います。

「定性評価の天秤」に乗れ

結局、人柄が10割

皆さんは、どんな人が入社後、評価されると考えているでしょうか？

「仕事の評価」は、「仕事の結果」によってなされる。つまり「実績」のある人が評価されると考えている人が多いのではないでしょうか。

そういう成果主義こそが公平な評価基準であり、「自分の会社は、成果主義が徹底されていない」と、嘆かわしく思っている人もいるかもしれません。

結論から言えば、**評価に影響を与えるのは実績だけではありません。むしろ実績は、最終的な判断基準では決してないのです。**「ビジネスパーソンは定性評価でほぼ決まる」――今までほとんどの成功者が伝えてこなかったことですが、これが組織の「不文律」なのです。

たしかに実績は1つの指標ではありますが、それ以上に重要なのは、数字では測れない部分です。**実績を「定量的」と表現するならば、「定性的」な面がものを言います。**過去に実績を挙げた功労者には褒美が与えられるという「論功行賞」がすべてではないのです。

たとえば、社内のキーパーソンに気に入られているというのは定性的な評価の代表格です。直属の上司に限らず、社内で力のある人に好かれている人、かわいがられている人――そういう人は、魅力的なポストや仕事が回ってきやすいものです。

社内で力があるというのは、言うまでもなく「仕事の割り振り」や「人事」に影響を与えるということ。力のある人に好かれている人のほうが何かと有利というのは、考えてみれば当然の話でしょう。

そう聞いて、皆さんはどう思いましたか？

「気に入られている人のほうが引き上げられやすいのは、日本企業の悪しき風習だ」

「実績ベースで合理的に考える成果主義の欧米企業をもっと見習え」

こんな憤りを感じた人も多いかもしれませんが、**じつは欧米こそ定性評価の「本場」**といえます。

私はかつて外資系ＩＴ企業で史上最年少の役員となり、欧米の企業とも数多く接してきました。そこで社内のポストや仕事の采配が、定性評価によって決まる様を目の当たりにしたことも数知れません。

欧米では、たとえばＣＥＯが交代したら新しいＣＥＯは自分の人脈から人材を集め、新しい体制を築くのがお決まりのパターンです。

そこでは過去の実績などよりも、「気心が通じている」「信頼できる」といった定性的な要素のほうが重視されます。もちろんまったく実績のない人は論外ですが、数字などでは測れない「プラスアルファ」の部分が大きく影響するのです。

あるいは社内で大きなプロジェクトが立ち上がった際などに、責任ある役割を任されるのもやはり、社内のキーパーソンの覚えのいい人です。「今度のプロジェクトはあいつに任せてみたいんだよね」――こんな鶴の一声で決まるものなのです。

実績では差別化できない

とくに、重要な仕事の責任者や主要ポストの人事を決める場合、候補者のすべてに何らかの実績があって然るべきです。つまり、みな遜色ない実績をもっているという意味では「横並び」なのです。

そこで、何をもって「頭一つ抜きん出る存在」を見極めるかといったら、実績とはまた別の指標をもつしかありません。

つまり**本当に重要なのは、いかに一定の定量評価のうえに「加点」してもらうか。ここで定性評価の天秤に乗る人だけが、選ばれるのです。**

日本の企業でも似たような力学が働いていますが、欧米と違うのは「公平性を重んじる」という建前が強いところです。

大企業によくある「昇格試験」などは、その代表格でしょう。

要するに、「社内政治など関係なく公平な試験で昇格が決まる」「我が社は純粋な成果主義だ」という体面を保つために、昇格試験が設けられている。ただし実際のところは、社内のキーパーソンに好かれている人のほうがはるかに引き上げられやすいのです。

やはり腑《ふ》に落ちないかもしれませんね。「結局のところ、社内でうまく立ち回れる人がうまい汁を吸うのか」「だったら、いくらがんばっても無駄じゃないか」――と。

ここで勘違いしてほしくないのは、定性評価はよく言われる「社内政治力」で得られるものではない、ということです。

上の人の覚えがよくなるよううまく立ち回ることは重要です。しかしそれ以上に重要なのは「自分自身」です。もっと言えば、「自分軸」がない人はどれほどがんばっているつもりでも、これからの時代の「求められる人材」にはなれません。

●何のために働くのか？

- その仕事を通じて、自分は世間に何をもたらしたいのか？
- 自分にしかない強みとは何か？

みずからを内省しこうした「軸」をもつことで、まず定量的な実績を生み、ひいては高い定性評価へとつながるのです。しっかりと実績を積むことに加え、「自分軸」を定める。それができるかどうかで、皆さんの未来のキャリアは大きく分かれるというわけです。

転職先での生き抜き方

なぜ、あの人だけが評価されるのか？

政治の世界と同様、会社でもたいていは「派閥」があり、大きく「与党」と「野党」に分かれています。

「与党」が物事を動かし、「野党」はそのつど苦言は呈するけれども、実権はほとんどない。とくに大企業では必ずといっていいほど見られる構図です。

したがって、会社で「いい流れ」に乗るには「誰が与党のメンバーか」を見極め、その人たちの輪のなかに入ることですが、それが有効なのは新卒入社の場合だけです。

では転職組はどうしたらいいか。実績と将来性を買われて入社したわけですから、転職先で存在感を見せていくには、まずその期待に応えなくてはいけません。

したがって、まずはじめはみずから採用面接で「この会社にもたらせる」と示したことを粛々と実践し、成果を出すことに専念する。そのなかで多少の嗅覚を働かせ、社内のどの人物の「ライン」がもっとも有力かを推し量ります。

どんな企業にも、影響力や発言力の大きい有力者がいるものです。いわば、会社というサル山の「ボス猿」です。「役職の高い人＝有力者」とは限りません。役職的には社長がトップですが、事実上の有力者は常務や専務といったケースも多く見られます。

有力者には、社内のあらゆる部署に自分の息のかかった人間がいます。

その有力者をトップに、部署の垣根を越えて形づくられているライン。この「見えないライン」のなかで、社内の人事から仕事の割り振りまで、社内の多くのことが決定されているのです。

「おいしいポジション」「おいしい案件」「おいしい営業テリトリー」、すべてライン内で割り振られ、ライン内の人から人へと受け継がれます。残念ながら、ラインの外にまでその恩恵が及ぶことはありません。

残酷な話かもしれませんが、有力ラインに属していない人は自分のあずかり知らぬところで決められたことに従うしかない。大したチャンスも巡ってこない。こうして単なる「労働者」になってしまうのです。

そうならないために日々自分のやるべきことに取り組みつつ、社内の有力ラインに属することが転職先での生き残り戦略というわけです。

言い方を変えれば、前職で自分のポジショニングに失敗したという自覚がある人にとっては、転職はそれを1からやり直せるチャンスでもあります。

重要事項は「夜の社外」ですべて決まる

これまで述べてきたように、人事評価は定量的に行われるとは限りません。**むしろ「社内の誰とつながっているか」「どういう評判か」など目に見えない基準のほうが重**

視されます。

たとえば、誰を部長に引き上げるかという局面でも「それぞれ優秀なのはわかった。なかでもこいつに任せたい」と思われるかどうか。候補者の実績はすべて並べてみたうえで、最終的に決め手となるのは社内の人脈やその人物の人柄なのです。

しかも、こうした重要な決定事項ほど「日中の社内」ではなく「夜の社外」、つまりボス猿を中心とした飲み会で話し合われ、「ほぼほぼ決定」というところまで進んでしまうものです。

「日中の社内」で行われるのは、いわばアンオフィシャルな場で決まったことの事後報告、オフィシャルな手続き上の話に過ぎません。

昨今のコロナ禍によって飲み会の機会は格段に減っていますが、こうした話し合い、決定の場は、少しずつかたちを変えながらも残っていくはずです。

今までどおりではなくとも、「ボス猿がいるアンオフィシャルな場」の威力が消えることはないでしょう。いかにその場に居合わせるチャンスをつかむか否かも転職組のキャリアの明暗を分ける一要素です。

なぜか気に入られる人の武器

ボス猿にお世辞は通用しない

転職先で生き残っていくには、やるべきことに取り組みながら社内の有力者（ボス猿）をいち早く見極め、そのラインに入り込むことが重要という話をしてきました。

とはいえ、安易に行動すると、思わぬ落とし穴にはまりかねません。

とくに「小手先の処世術」では、かえって疎《うと》んじられる可能性が高いので注意が必要です。よくある人脈構築術などでも陥りがちなポイントですが、**百戦錬磨の有力者に、「取り入りたい気持ち」が透けて見える小手先の術が通用すると思ったら大間違い**なのです。

世の中には有力者の懐に難なく入り込める人と、そうでない人がいます。彼らの違いは、人に取り入る術の巧妙さではありません。

有力者の懐に難なく入り込める人は、その人に心の底から心酔しています。有力者からすれば、自分に心の底から心酔していると見える若者がやたらと慕ってくる。これを悪く思う人はいません。

一方で有力者に取り入り、単にうまい汁を吸いたいだけの人はすぐに見破られます。白々しいお世辞を言ったり、おべっかを使ったりしても、有力者の懐に入り込むことはできないということです。

そういう意味で、社内での立ち回り方をただの処世術やノウハウとして捉えるのは危険です。

転職先で生き残るには、有力者の「いい子分」になることが欠かせませんが、そもそも有力者のすごさがわからない人はいい子分になれません。

有力者の尊敬すべき点はどこにあるか。そういう視点を持ち合わせて初めて「ボス猿を見極め、そのラインに入り込む」という処世術が効果を発揮するのです。

では、どうやって有力者を見極めたらいいのか。

それは働いているうちに何となく見えてくるものですが、たとえば**ある人を中心としたアンオフィシャルな会合が定例化していたら、その人は間違いなく有力者**です。

会合に出ている人（つまり有力者ラインのなかの人）、もしくは、その有力者に直接、「転職したてなのでいろいろ教わりたいです。ぜひ参加させてください」と打診してみるといいでしょう。

へたに社歴が長い社員から急に「参加したい」なんて言われると、「別の派閥のスパイか？」などと警戒されます。

その点、「まだ社内のことがわかっていない転職者」なら警戒する理由がありません。「有能な人材であれば早めに取り込んでおきたい」「前職の事情など、有益な情報が得られるかもしれない」といった計算も働きます。

「有力者ライン」は本来狭き門なのですが、こういうわけで転職者は意外とすんなり受け入れられる可能性が高いのです。

「静かなる情報屋」になれ

うまく有力者のラインに入り込んだら、次は何かしらその有力者のメリットになるようなことをもたらします。

有力者が一番ほしいものとは、いったい何でしょうか？

地位も名誉も実力もある人物が、それでもなおつねに欲しているのは「情報」です。

社内での地位が上がれば上がるほど、現場の事情が見えにくくなっていきます。

たとえば、どの部署でどんな動きがあるのか、どこの部門長が何を言っていたか、目立たないけれど有能な人材はどこにいるか……。こうした社内事情を、有力者は現場の人間から吸い上げることで得ているのです。

ただし、転職したばかりですぐに社内の事情通になるのは難しいでしょう。

それはゆくゆくの課題として、**当面は単なる「噂話の共有」でもかまいません。** たとえば「どこそこの部署の誰と誰が付き合っているらしい」「あの部長は女性社員から総スカンらしい」など、本当に他愛のないゴシップの類もじつは有力者の大好物です。

そういうゴシップネタならば、社内の飲み会やサークル活動などに顔を出していればすぐに手に入るでしょう。

ここで1つ注意点をお伝えしておきます。

情報屋になるのなら、「自分のボスだけに忠実な情報屋」でなくてはいけません。

知り得た情報を誰彼かまわず話すのではなく、有力者のライン内でそっと共有する。そうしてこそ有力者の覚えがよくなり、「いい流れ」にも乗りやすくなるのです。

有力者のラインに貢献する人には、必ず見返りがあります。いい案件を回してもらえたり、優良顧客が集まる営業テリトリーを引き継がせてもらえたり、ひいては有力ポストに引き上げてもらえる可能性なども見えてくるでしょう。

このように「ライン内で得たもの」は、あくまでも「ライン内で進めて完結させる」というのも重要な心得です。

たとえば**いい案件を回してもらえたら、自分の直属の上司ではなく、ラインの有力**

者と相談しながら進める。そうしないと「せっかくいい案件を回してやったのに、あとは素知らぬ顔の不義理者」と見なされ、たちまち立場が悪くなってしまいます。

あれこれと人間関係の細かい秘訣《ひけつ》をお話ししてきましたが、つまるところ問われるのは「ソーシャル・スキル」に尽きるといってもいいかもしれません。

細やかな気配りができること。人の心がわかっていること。仁義や義理を重んじ、恩に報いる気持ちがあること。

もっと基本的なこととしては、大きな声でハキハキと挨拶する、誰も仲間はずれにしない、人の話をきちんと聞く、何かをしてもらったら「ありがとう」と言う、自分が間違っていると気づいたら素直に謝る……などなど、子どものころに教わったようなこと。

実際、人の上に立ち、信頼を集めている人ほど、こうした基本を徹底しているものです。社内の有力者にお近づきになりたいのなら、彼らと同じ地平に立つこと。ソーシャル・スキルの基本を徹底的に実践することから始めるといいでしょう。

評価とは評判力である

組織で生き抜いていくには、ソーシャル・スキルを磨くこと。

とはいえ、誰しも聖人君子になることはできません。ときには人に対してネガティブな感情が渦巻いてしまう。それが人間というものです。

誰かを「仮想敵」に見立てて、「あの人だけには負けたくない」と闘争心をたぎらせる。その相手に先を越されようものなら、悔しさのあまり敵対心や嫉妬心や嫌悪感が生まれてしまう。

ただ、こうした一見ネガティブな感情が成長の原動力となり、実績に結び付くというのもまた事実です。

とはいえ社内に敵ばかり作っては、独りよがりの個人プレーばかりが目立ち、肝心の「評判」に傷がついてしまいます。できれば成長の原動力としての感情は押し殺さず、評判も守りたい。そのためには次のように考えてみてください。

「敵は社内ではなく、社外にいる」

会社に行けばつねに同僚と顔を合わせるため、つい彼らを「仮想敵」としてしまいがちです。同僚の実績や日々の行動は、自分からもよく見えます。だから彼らを手近な比較対象として闘争心を燃やすのは簡単なのです。

また、同職種の部署がいくつもあるような規模の会社になると「自分たち営業二課は、あいつら営業一課になんて絶対に負けない」といった部署同士のライバル心が生まれる場合もあります。

しかし考えてみれば、彼らはみな同じ会社の仲間、「一つ屋根の下」に住む家族のようなものです。

本当に目指すべきことは会社の発展です。 誰かの成功は本来妬《ねた》むべきものではなく、会社が大きなメリットを得たこととして喜ぶべきものなのです。

もちろん同じくらいの年齢、同じくらいの社歴の同僚に先を越されたら、誰だって悔しいでしょう。その感情を押し殺すことなくそのまま「社外」に振り向けるようにするといいと思います。

本当の敵は社内ではなく社外にいる。自分の力で同業他社のライバルをしのぎ、自社が1つ抜きん出ることに貢献してやるんだというのが、健全な闘争心で仕事に打ち込みつつ、社内では「いいヤツ」という評判を保つ秘訣です。

嘘のない人だけが持っているもの

相手に「おっ！」と思わせる力

これからは、ますます「人間的スキル」「社会的なスキル」が求められる時代になっていきます。

目に見える定量的な評価よりも、目に見えない熱意や人柄、細やかな心配りなどで、周囲から「あの人って何だかいいよね」「あの人ってすごいよね」という評判を集める。

まさに「心の針」を動かせるような人が活躍の場を広げ、成果を挙げていく時代になっていくことは間違いありません。

そうなると、気になるのは「どうやったら心の針を動かせるような人になれるのか」だと思いますが、これには注意が必要です。

私が今までに見てきた「心の針を動かせる人たち」をサンプルにしながら「心の針を動かせる人の条件」を挙げることなら、いくらでも可能です。

しかし、ただ「心の針を動かせる人たち」の共通点を上辺だけ真似ても「心の針を動かせる人」になることはできないでしょう。「心の針を動かせる人」風に振る舞うテクニックを駆使し、自分を取り繕っても意味がないのです。

「心の針が動く」というのは、言い換えれば、「おっ！」と思うということです。

では、どんなときに相手は「おっ！」と思うでしょうか。単なる「驚き」ではなく、「なかなかいいじゃないか」「なかなかやるじゃないか」といった感嘆、感心を相手に抱かせるのはいったいどんな人だと思いますか？

たとえば、社内の有力者に物怖じせず素直に教えを乞える人、あるいは営業先で相手の懐に飛び込みながら、相手のメリットになるような提案ができる人などは、相手から「おっ！」と思われます。

その他、状況によってさまざま挙げられますが、「何を言うか」「どんな態度を見せるか」というのは表層的な話に過ぎません。それとは別の根本的なところで、じつはすべてに共通することがあります。

それは、**「嘘がない」ということ**です。

言ってしまえば当たり前の話ではありますが、意外と見過ごされがちな重要ポイントです。

仕事力=ソーシャル・スキルである

仕事におけるコミュニケーションは、すべて「並列」ではなく「対面」です。

営業なら「売り込む側」と「売り込まれる側」の対面、採用なら「雇われる側」と「雇う側」の対面、さらには社内の人間関係ですら「取り入る側」と「取り入られる側」の対面になっています。

要するに、仕事におけるコミュニケーションでは、人と人とが「西」と「東」、「月」と「太陽」のように正反対の立場から向き合っている。そこでもっとも問われるのが、「こいつには嘘がないだろうか」という点なのです。

たとえば、営業で「売り込む側」に嘘があったとしたら「売り込まれる側」は損をします。

だから「売り込まれる側」は、相手の言葉に嘘がないだろうかと見極め、嘘がないと実感できて初めて「おっ！」となるのです。

ほかもすべて同様です。

「雇われる側」に嘘があったら「雇う側」は損をする。「取り入る側」に嘘があったら「取り入られる側」は損をする。

だから人は相手に嘘がないかを見極め、嘘がないと実感できたときに「おっ！」と思います。これが「心の針」が動く瞬間です。

「心の針」を動かすというと、「何を言ったらいいか」「どんな態度を示したらいいか」

というノウハウの面ばかりに目が向きがちです。

しかし、「何を言うか」「どんな態度を示すか」というのは、「嘘がない人物である」という土台があって初めて有効となる話なのです。

「あの人って何かいいよね」という評判も、ソーシャル・スキルも「嘘がない」という土台があってこそにじみ出るものです。

というわけで、結局のところ「嘘がない人」が最強——なのですが、この点をもう少し深掘りしてみましょう。

「感じのよさ」の正体

「嘘のない人」が最強ならば、本来これ以上ないくらい簡単な話だと思います。

いくつもの処世術を覚える必要もないですし、そのつど頭を使ってテクニックを駆使する必要もありません。いわば「ありのままの自分」で勝負していいという話なのですから。

ところが、なかなかどうしてそれが難しいと感じてしまう人が多いようです。だからついテクニック的なものを求め、「ありのままの自分」ではなく「取り繕った自分」で人と対峙してしまう。なぜそうなってしまうのでしょう。

ひとことで言えば「自信」がないからです。

自信がある人は、何も取り繕うことなく自分の言葉で自分の強みや、相手に伝えたいことを表現することができます。

だからこそ、「ああ、この人の言葉には嘘がないな」と相手に感じさせることができるのです。

では、なぜ自信がないのでしょう。

誇れる実績がないから？

誰かと比べて「自分のほうが優れている」と思える根拠となる数字がないから？

これらは本質的には問題ではありません。

自信をもてない最大の理由はただ1つ。「自分がやってきたことの棚卸し」ができ

ていないことです。

もちろん、何も積み上げてきていない人が自信をもてないのは当たり前です。それは論外としても、本当は積み上げてきているものがあるにもかかわらず、それをちゃんと自覚できていないばかりに自信をもてないでいる人も多いのです。

ここでまた本書の基本に戻りましょう。

自信をつける鍵となるのは、第1章と第2章でお話しした「自分の強みの棚卸し」と「何をどれだけ」です。

今の自分に「できること」は何か。今まで自分は「何をどれだけ」やってきたのか。真面目に働いてきた人ならば必ず、今までの仕事が糧となり、ひとかどの能力が培われているはずです。

人との比較からくる「相対評価」では自信はつきません。必要なのは、「自分はこういうことをこれだけやってきたんだ」という絶対評価なのです。

自分の今までを振り返り、「こういうことをこれだけやってきた」と自覚できれば、自然と自信がつきます。

それとともに「嘘がない」という土台が整い、「あの人っていいよね」「あの人ってすごいよね」という評判がにじみ出る人、人の「心の針」を動かせるような人へと、自然に変化していけるでしょう。

おわりに——「やりたいこと」への渇望の見つけ方

会社役員に就任し、年収1億円を突破した26歳のころのことです。私はわざわざ現金で買ったポルシェに乗って、東京から愛媛まで約1000キロの道のりを帰省しました。この車を「成功者の証」として地元の人たちに見せびらかすためです。今思えば、若気の至りとしか言いようがない恥ずかしい話です。

実家のすぐ近くまでやってきたとき、見慣れた顔がマンホールの蓋を開けて作業していました。高校の同級生です。

彼は高校を卒業した後地元の町役場に就職。このときは水道課の仕事中でした。

社会人になってからも、彼とは一緒に飲む機会がありました。ある時彼はポツリと言います。
「宇都宮くん。そんなに仕事ができるんやったら、田舎に帰ってきて事業をやって、地元の人の就職先を作ってや」と。

私は会社員としてはうまくいった部類の人間でしょう。生産、流通、営業という仕事は「実業」と呼ばれます。しかし、私は心のどこかで「自分のやっていることは、虚業だ」と感じていました。

ポルシェに乗った男とマンホールを開けている作業着の男。傍から見れば絵に描いたような「成功者」と「一般人」に見えたかもしれません。しかし、平気なフリをしていても、私は心のどこかで一抹の虚《むな》しさを抱いていたのです。

スキルアップして担当する仕事の領域が広くなればなるほど、「目の前の人の役に立っている」という実感から遠ざかっていくジレンマ。当時私が担当していた仕事は、ひとことで言えば社員の配置転換。会社の利益には貢献しました。今でも間違っていたとは決して思いません。しかし、人の役に立ち、幸せにしていたかというと、必ずしもそうではありませんでした。

そんな私とは対照的に、同級生の彼は住民の暮らしをたしかに支えていたのです。誰かの役に立ち、社会に価値ある何かをもたらしている存在として、私には映りました。「俺はいったい、何をやっているんだろう」――何とも表現しがたい気持ちになったことを今でもはっきりと覚えています。

40歳までに会社員を辞めることはずっと前から決めていました。しかしその後は？　自分が「起業」したとして、うまくいくのだろうか？　全然自信がありませんでした。私は優秀な実績を挙げたプレイヤーではありましたが、会社を率いるリーダーとしては最低の部類だったからです。私がやれば一発でうまくいく仕事を、部下に担当させるとうまくいかない。なぜそうなってしまうのか、かつての私はまったく理解できませんでした。そんな自分が起業に向いているはずがない。しかしそう思いながらも、「田舎に帰ってきて事業をやって、地元の人の就職先を作ってや」。あの時、同級生が発したひとことはずっと気になっていたのです。

最後に勤めたドイツの外資系企業・ＳＡＰジャパンでは、これまでの営業系の職種とはまったく畑違いである非営業部門のマネジメントを担当しました。

外資系企業ではチームの目標を定め、目標を達成できるだけのスペックの人材でチームを編成するのが基本です。仕事とは、かくあるべきものだと考えていた当時の私にとって、この部門の仕事ぶりは「非生産的」に感じられました。しかしそこにいる人たちをよく観察し、話を聞いてみて、あるときハッと気づいたのです。間違っているのは自分自身ではないだろうか？　と。


誰しも「好きなこと」や「得意なこと」があります。それだったらがんばれるし、結果を出せる。私は部下たちの「得意」に合わせて「仕事」を変えるという、これまでとは真逆のアプローチを取りました。

リーダーである私は、部下それぞれの「得意」に合わせて仕事を変えることができるのですから。部下たちは生き生きと仕事をし、結果を出し続けてくれました。私が在籍した最後の年、そのチームは世界でトップクラスの従業員満足度を誇る組織になりました。

26歳で役員になってから13年。やっと「リーダーの本当の仕事」を知ることができた思いがしました。ずっと心の片隅にあった「起業」に対する迷いも吹っ切れました。

今私は、生まれ育った地元・愛媛県愛南町に戻り、主に障碍《しょうがい》者の方を中心として新しい雇用を生み出す事業を始めています。約20年前のあの日、同級生から投げかけられたひとことへ、やっと答えることができるかもしれません。

使われていない土地を活用し、人を雇い、日本中へ、そして世界へと感動を届けられるような事業にしていきたいと思っています。「日本を1流の国であり続けさせる」という私の「人生の目的」のもと、これからの日本を背負っていく若い世代に背中を見せ続けたいです。

また同時に、私が若いころに感じていたような自分の仕事に対する漠然とした虚しさを抱く人のために、「陰ながら誰かの役に立っている仕事」をテーマとしたコンテンツも配信したいと考えています。現状すでに行っているYouTubeでの動画配信など、新しい時代の日本をひっぱっていく若者を育てる取り組みを続けながら、働く人たちの「得意」を発揮する場を作り、彼らを「成功者」にすべく、サポートをしたい。

私にはもうポルシェは必要ありません。見せかけだけの豊かさよりも、ずっと大きな豊かさを生み出せるようになってきたと感じるからです。

高校3年生の秋、私の親父が言いました。

「お前は大学に行け。俺みたいな商売人じゃなくて、会社に入って給料取りになれ」

両親は、40年以上にわたって「大樹《だいじゅ》」という地元民に愛されるレストランを続けています。

私にとってこの言葉が、大学へ進学し、会社に勤めて給料をもらう道を選んだきっかけでした。さもなければ、私は料理人として店の跡継ぎをしていたでしょう。

会社員として約20年間キャリアを重ね、40歳の時に独立しました。自分の会社を立ち上げて4年目を迎えたとき、自分の会社の社名を両親のレストランにちなんで「大樹《だいじゅ》」に変更しました。「レストラン大樹」は、おそらくいつの日かなくなるでしょう。しかし、父が望んだ「給料取り《サラリーパーソン》」としてのキャリアを経た私は、別の形で店の跡を継ぐことができたのです。

同じように、本書を手に取り、それぞれの「人生の目的」を見出した若い世代が、きっと私の会社員人生の跡を継いでくれることでしょう。
私も皆さんに負けないようにがんばります。「日本を1流の国であり続けさせる」ために。

2020年9月吉日

宇都宮隆二

【著者略歴】
宇都宮隆二（うつのみや・りゅうじ）
実業家／キャリア系YouTuber。
1976年愛媛県生まれ。バブル崩壊後の「就職氷河期」に、無名私立大学からIT企業に入社。その後大手外資系企業5社をわたり歩き、確固たるキャリアを築く。部門長・会社役員・実業家という「採用側」として数多くの人材採用に携わってきた経験をもとに、本当に自分に合った適職と出会う方法を説くYouTubeチャンネル「Utsuさんチャンネル」を運営。これまで通説とされてきた「人事のプロフェッショナルが教える就活・転職ノウハウ」とは一線を画す、「自分の強みに気づき、それを生かす最高のキャリアを実現する方法」を指南し、若手社会人・就職活動中の学生などから絶大な人気を博す。YouTubeチャンネルのチャンネル登録者数は、現在約20万人。日本最大の「キャリア形成塾」になっている。

適職《てきしょく》の結論《けつろん》
あなたが気《き》づいていない「本当《ほんとう》の強《つよ》み」がわかる

2020年10月25日　初版第1刷発行

著　　者　宇都宮隆二《うつのみやりゅうじ》
発 行 者　小川 淳
発 行 所　SBクリエイティブ株式会社
〒106-0032　東京都港区六本木2-4-5　電話 03-5549-1201（営業部）
装　　丁　杉山健太郎
図版制作　八田さつき
D T P　平野直子（デザインキューブ）
編集協力　福島結実子
編　　集　小倉 碧（SBクリエイティブ）
印刷・製本　中央精版印刷株式会社

本書をお読みになったご意見・ご感想を下記URL、
または左記QRコードよりお寄せください。
https://isbn2.sbcr.jp/07333/

落丁本、乱丁本は小社営業部にてお取り替えいたします。定価はカバーに記載されております。本書の内容に関するご質問等は、小社学芸書籍編集部まで必ず書面にてご連絡いただきますようお願いいたします。

ISBN 978-4-8156-0733-3